Laços do Coração

Louise Platt Hauck

Laços do Coração

Histórias inspiradoras que mostram a
grande capacidade que temos para
nos comunicar com os entes
queridos que já se foram

Tradução
DENISE DE C. ROCHA DELELA

EDITORA PENSAMENTO
São Paulo

O primeiro número à esquerda indica a edição, ou reedição, desta obra. A primeira dezena à direita indica o ano em que esta edição, ou reedição, foi publicada.

Edição	Ano
1-2-3-4-5-6-7-8-9-10	03-04-05-06-07-08-09-10

Direitos de tradução para o Brasil
adquiridos com exclusividade pela
EDITORA PENSAMENTO-CULTRIX LTDA.
Rua Dr. Mário Vicente, 368 — 04270-000 — São Paulo, SP
Fone: 272-1399 — Fax: 272-4770
E-mail: pensamento@cultrix.com.br
http://www.pensamento-cultrix.com.br
que se reserva a propriedade literária desta tradução.

Impresso em nossas oficinas gráficas.

SUMÁRIO

PREFÁCIO

$\mathcal{E}$u tinha onze anos quando tive minha primeira visão. Devia ser uma noite de sexta-feira, pois eu estava dormindo no sofá-cama da sala de TV, no andar de cima. Se eu tivesse aula no dia seguinte, estaria na minha própria cama, no meu quarto.

Escovei os dentes com cuidado antes de me deitar, porque eu tinha comido pipoca nessa noite. Meu pai fizera uma "mesinha de pipocas" muito caprichada e funcional sobre um *rack* de TV, posto num canto da sala: ali ficavam a pipoqueira, um pote de vidro cheio de grãos de milho, papel-toalha e um óleo de coco especial que, segundo meu pai, era o segredo para que a pipoca ficasse com gosto de "pipoca de cinema". Devo ter comido umas duas ou três tigelas cheias.

Meu pai construíra ele mesmo a sala de TV. Quando se chegava ao patamar, no topo da escada, era preciso abrir as portas duplas com um empurrão e, então, descer dois ou três degraus. O janelão que circundava a sala sempre rangia quando o fechávamos com muita força. Nessa noite, procurei andar devagar e sem fazer barulho. O filme a que assisti acabara tarde e eu não queria acordar o resto da família.

Voltando do banheiro, na ponta dos pés passei em frente ao janelão, à minha direita. De repente, parei e senti um impulso irreprimível de olhar pela janela, para a linda noite enluarada. A Lua estava cheia, parecendo ainda mais branca e brilhante depois da chuva forte. Nuvens fofas como algodão eram iluminadas pelos seus raios. Todo o céu parecia mágico.

Apertei as travas dos dois lados da janela e abri a vidraça, deixando entrar o ar úmido e fragrante da noite. Eu me senti extasiada pela carga de sensações que complementava as imagens do céu e da Lua. Então comecei a fazer o que venho fazendo há anos desde então, sempre que me sinto tocada e embevecida pela beleza da natureza ou pela perfeição com que as coisas acontecem na minha vida: comecei a rezar o pai-nosso bem devagar, para mim mesma. Achei que essa era a atitude mais reverente e sagrada a tomar no momento.

— Pai Nosso, que estais no céu, santificado seja o vosso nome — comecei.

De repente, as nuvens começaram a se mover, primeiro lentamente e depois num ritmo acelerado, deslizando para o lado direito. Depois voltaram para o mesmo espaço no céu, passando a formar o que parecia um palco montado ao ar livre, do tipo que realçaria uma apresentação de Shakespeare ou uma opereta encenada numa noite de verão. Pisquei duas vezes, tentando clarear a visão que emergia diante de mim.

As nuvens formaram um trono, cercado por imagens bem distintas de árvores, montes e vales. A luz da Lua agora parecia refletir diretamente no trono; um ser celestial comunicou-se comigo, dizendo, "Sim, Deus Pai está aqui".

Um calafrio me percorreu e eu continuei, mais comovida do que assustada:

— Seja feita a vossa vontade, assim na Terra como no céu.

Mais uma vez, as nuvens deslizaram no céu, para a direita, voltando a formar outra imagem.

Observei outra cena se configurando: pastores percorrendo um campo, apoiados num cajado e com os olhos erguidos para a luz, agora ainda mais brilhante, que iluminava detalhadamente os traços de suas faces. Nesse momento, eu soube que estava neste planeta para ajudar a trazer o céu para a Terra. Agradeci por ter sido orientada a cumprir essa missão.

Como em resposta ao meu agradecimento, as nuvens mais uma vez se moveram, desta vez para formar um círculo ao redor da Lua e me transmitir o arranjo perfeito da ordem suprema dos nossos planos de vida. Intuitivamente, entendi que enquanto, num nível, a vida parece misteriosa e confusa, em outro, ocorrem lampejos do esquema geral das coisas e o entendimento do nosso objetivo aqui na Terra. Nesse momento, corri para onde estava minha mãe, sem me importar se o barulho incomodaria alguém. Estávamos acostumadas a conversar sobre temas espiritualistas (não necessariamente religiosos) e eu queria contar a ela sobre a visão. Acordei-a e ela me seguiu até a sala de TV, olhando pela janela.

A visão se fora. Vimos apenas um céu noturno igual a todos os outros — uma bela Lua, nuvens de algodão. Então minha mãe me deu um dos maiores presentes que eu poderia ganhar um dia.

— Minha querida — ela disse —, a visão era só para você.

Nesse momento, ela refletiu de volta para mim toda a confiança que tinha na minha capacidade para ver além do óbvio, neste plano físico. Fui abençoada pelo fato de minha mãe refletir a minha própria luz de volta para mim, mostrando-me onde eu poderia encontrá-la dentro de mim mesma. Isso fez com que eu cultivasse essa luz e compartilhasse com o mundo as dádivas que dela recebi.

AGRADECIMENTOS

Quero agradecer aos meus clientes, que contribuíram para este livro, mergulhando fundo dentro de si mesmos e expondo sua vulnerabilidade para contar suas histórias. O caráter inevitável da publicação deste livro ficou evidente diante da sincronicidade com que ele passou das mãos de Sandra Martin para as da equipe talentosa da Council Oak Books.

Laços do Coração percorreu de modo rápido e oportuno sua jornada, depois de um total de onze horas de elaboração, desde Pat Barrentine, CJ Conner e John Hughes. Jaene Leonard, Glenn Levy, Cindy Mayfield, Polly Lazaron e Jan Pikowsky asseguraram-me do quanto este livro e a minha presença neste planeta são necessários. Coordenadores muito queridos em todo o mundo têm me incentivado com seu amor generoso e sincero. .

Joe Spigelman e Harry Fishkin fizeram da cidade de Nova York um lugar seguro e amistoso. Meus filhos Adrianne/Rochel Ruth e Dylan continuam a me ensinar o quanto valeu a pena amá-los e deixar que seguissem seus próprios destinos. Minha família me ama, mesmo sem ver o que eu vejo; minha sobrinha, Greta — que também é clarividente — me apóia em todos os sentidos.

Agradeço a cada um de vocês e a todos. Agradeço humildemente a fé que depositam em mim e o amor e generosidade que sempre demonstraram.

INTRODUÇÃO

Quando tinha quatro anos de idade, eu disse à minha mãe:

— Quando você for para o céu, escreveremos cartas uma para a outra!

Eu não sabia, na época, que esse era um vislumbre intuitivo do futuro, alertando-me para um aspecto muito importante do trabalho ao qual eu me dedicaria por toda a vida. Eu seria capaz de manter contato com almas cujo tempo nesta dimensão havia chegado ao fim, interpretando suas mensagens e ajudando-as a manter sua ligação com os que deixaram aqui na Terra. Minha mãe e eu de fato continuamos mantendo contato depois da morte dela. Quando minha filha era pequena, ela se encontrou mais de uma vez com minha mãe, enquanto dormia. Elas conversaram sobre acontecimentos e lembranças que só eu e mamãe conhecíamos. Os detalhes que minha filha relatou a respeito desses encontros representaram para mim um imenso conforto. Saber que minha mãe querida ainda poderia se comunicar e que pôde conhecer a neta — embora ela nunca tivesse visto a menina no mundo físico — foi a prova de que nós três estamos ligadas por laços de amor que transcendem a morte.

Minha capacidade para me comunicar com meus pais, ambos falecidos relativamente jovens — com 51 anos —, não os trouxe de volta para mim. Eu ainda sinto a mesma dor, o mesmo sentimento de perda. Mas minhas capacidades intuitivas têm expandido minha visão da vida, da morte, de um Poder Superior e de um plano muito maior e mais cheio de propósito. Cada desafio que a vida nos apresenta nos traz alguma dádiva. Se deixarmos que esses desafios expandam a nossa percepção, para que possamos crescer espiritualmente, o Universo nos põe em contato com aqueles que precisam das nossas visões. O Universo sempre acaba nos enviando pessoas com quem podemos compartilhar essas dádivas.

À certa altura da minha busca para entender como eu era capaz de ver, por meio da clarividência, além das ilusões da morte e do tempo linear, passei a crivar os médicos de perguntas. Eu coletava algumas informações interessantes, quando duas pessoas resolveram me alertar:

— Você não precisa de médicos ou da ciência para definir o seu trabalho! Deixe que ele se defina naturalmente!

Essas duas pessoas foram o falecido Willis Harman, ex-presidente do Institute of Noetic Sciences e autor de vários livros que representam novos paradigmas, e Gary Zukav, autor de *The Dancing Wu Li Masters* e *The Seat of the Soul*.

A mensagem que eles me transmitiram influenciou os rumos do meu trabalho e dos meus livros. Eu estou o tempo todo remodelando-os para que saciem a sede cada vez maior que as pessoas têm de informações. Estas, embora não possam ser comprovadas pela ciência nem definidas quantitativamente, trazem um novo alento à identidade espiritual dessas pessoas e oferecem uma visão mais ampla da vida, uma visão realista, objetiva, pertinente e que pode ser colocada imediatamente em prática.

Essas pessoas lutam para se desvencilhar das frustrações e desilusões causadas por tudo o que falta em suas vidas. Eu tenho ajudado muitas delas a se livrar das ilusões e a obter uma compreensão nova da realidade. Todo o meu empenho é no sentido de satisfazer esse novo anseio e disposição que as pessoas demonstram para tornarem-se seres espirituais, plenamente integrados e multissensoriais (confiando não apenas nos cinco sentidos).

A mensagem mais importante do meu trabalho, e deste livro, é a seguinte: estamos muito enganados a respeito da morte. Ela não existe, a não ser para o nosso corpo e para outras substâncias materiais que se desgastam com o tempo. A alma, que recebe energia do nosso espírito — nossa força vital —, é, na verdade, eterna. Ela faz uma viagem sem fim ao longo de muitas vidas, expressando-se em aventuras que nos fazem expandir com o amor e, às vezes, nos contrair com a dor. Algumas das nossas experiências nos fazem alcançar alturas muito maiores e outras nos instigam com escolhas que nos fazem cair numa espiral, rumo à escuridão.

Viemos a esta dimensão para conhecer a luz e a escuridão. Quando abarcarmos essas duas forças poderosas dentro de nós, reconhecendo que nossa alma é vulnerável à escuridão do medo, da ganância, do egoísmo, da inveja, do abuso, dos vícios e do egocentrismo — para nomear apenas algumas das nossas escolhas menos sábias —, poderemos despertar para constatações muito importantes:

- À medida que a vida vai nos propondo continuamente novos desafios, às vezes inimagináveis, podemos optar por usar o mesmo livre-arbítrio que nos levou a gerar karma negativo, para fazer, a cada momento, escolhas mais lúcidas e conscientes. Escolhas mais sábias geram experiências mais positivas e enriquecedoras.
- Somos a soma total de todas as nossas experiências. Os efeitos das nossas escolhas boas e ruins nos acompanham para além da morte do corpo, pela eternidade, quando a alma busca equilíbrio e resolução. O amor, as lembranças e o nosso senso de humor também nos acompanham.
- A "graça" pode causar, num piscar de olhos, uma reviravolta em nossa vida. A graça é uma dádiva instantânea de perdão e amor incondicional que nos expande até as esferas mais longínquas da nossa existência atemporal. É uma dádiva que recebemos da Fonte infinita, quando assumimos a responsabilidade pelas nossas ações, buscando ativamente equilíbrio e resolução e depois nos rendendo à Fonte — deixando de lado nossas expectativas quanto aos resultados previstos e desistindo das tentativas fúteis de escrever o roteiro da nossa vida.
- Nossa alma é o gerador que faz rodar os velhos programas, as "lembranças da alma", e nosso espírito é a centelha que carrega em si o bem, o mal, a feiúra e a beleza de tudo que abraçamos e escolhemos em cada vida.

Meu trabalho como "clarividente" tem sido uma verdadeira satisfação e também um grande mestre. Sou uma pessoa abençoada por ser capaz de fazer esse "trabalho". É um prazer conhecer pontos de vista que lancem um pouco de luz ao que parece inexplicável; oferecer conforto ao que parece inconsolável, me confere mais coragem para compartilhar minhas descobertas e fortalece minha fé em face do imprevisível.

Assim como uma antena capta sinais, eu recebo mensagens das almas que "partiram", entes queridos e parentes dos meus clientes. Essas almas estão "vivas" e vibrantes. A ausência de uma forma física de forma nenhuma diminuiu a ligação com essas pessoas queridas. As mensagens que elas transmitem são cheias de bom humor, afeição profunda, lembranças vívidas, jogos de palavras, piadas particulares e uma preciosa confirmação da nossa natureza atemporal.

Há mais de 15 anos, eu observo — pessoal e profissionalmente — centenas de pessoas do mundo todo cujas vidas realmente fazem sentido dentro de um plano maior. Em muitos casos, quando eu vejo rostos diferentes na minha platéia, nas livrarias e nos encontros que faço, ou quando recebo um cliente pela primeira vez, sei que eles acabaram de passar pela morte de um ente querido. O que parece ser uma dor insuportável torna-se uma oportunidade imprevista de mudança. Eles descobrem que os laços do coração com aqueles que perderam — laços que às vezes se estendem por várias vidas — e que tornaram a perda física tão insuportável, são os mesmos laços que continuam a ligá-los a essas almas do Outro Lado.

Muitas dessas pessoas estão começando a aprender que elas também podem receber informações extremamente intuitivas, mensagens sutis ou surpreendentes vindas do Outro Lado. Nós todos somos membros de uma espécie multidimensional, multissensorial e ainda em evolução. Meus clientes e alunos demonstram esse fato nas histórias que apresento a seguir.

Quero expressar minha gratidão a todos os meus clientes — às suas almas eternas e infinitas — pelas histórias que compartilharam e pela enorme (e muitas vezes inspiradora) disposição que demonstraram para crescer e se desenvolver com seus desafios pessoais, desafios estes que em geral envolvem a perda devastadora de um ente querido. É um privilégio para mim acompanhá-los nesse caminho, enquanto seguem a inclinação natural da alma para buscar equilíbrio e resolução, mesmo que numa única vida. A esses buscadores é que eu dedico *Laços do Coração*.

Deixe-me dar duas palavrinhas a respeito da terminologia usada, uma vez que as palavras que eu e meus clientes escolhemos darão margem a certos significados, principalmente quando estiverem ligadas a crenças importantes e pessoais. Eu respeito o fato de que meus clientes — e meus leitores — têm religiões e crenças espirituais diferentes, e referem-se ao Ser Supremo da forma como lhes é peculiar.

Por exemplo, percebi que meus clientes judeus referem-se ao conceito de um Ser Supremo como "Hashem" (que significa "o nome") em vez de diminuir a grandiosidade do que ele representa proferindo o nome de "D..s". Meus clientes nativos norte-americanos chamam Deus de "o Criador da vida", e os clientes que acham que usar a palavra "Deus" dá à busca espiritual um quê religioso preferem dizer "a Fonte". Eu costumo usar "a Fonte" quando me refiro a Deus ou a um Poder Superior.

Também costumo fazer referência ao "Outro Lado", embora hesite em chamá-lo assim, pois dá a impressão de que se trata de um lugar que está "lá longe" ou de um "local" para onde vamos no intervalo entre nossas experiências terrenas. Embora seja uma expressão um pouco mais longa, eu em geral prefiro usar "dimensão extrafísica", na tentativa de levar o leitor a pensar nas nossas almas eternas não como algo limitado a um tempo, lugar ou espaço.

Eu menciono almas que "fizeram uma transição", "deixaram o corpo físico", "passaram para o outro lado" ou "morreram". Uso esses termos aleatoriamente.

Talvez um dia, quando houver um certo consenso a respeito da existência de uma energia que é infinitamente maior do que o nosso "eu" e da ilusão da morte — para onde realmente vamos (ou não vamos) e como chegamos "lá" —, as palavras que usaremos serão mais simples.

CAPÍTULO UM

A PERDA DE UM ENTE QUERIDO

A perda de um ente querido é sempre algo devastador. Desde o momento em que os médicos alertam os membros da família para a possibilidade da morte, a antecipação da perda pode tumultuar a vida de todos, muito antes da verdadeira partida desse ente querido.

Além da dor, pode aflorar a raiva, quando percebemos que nossas expectativas acerca da vida estavam erradas. Perguntamo-nos por que o nosso ente querido não nos acompanhará nesta "viagem a trabalho" pela dimensão física. O medo costuma vir à tona quando somos forçados a reconhecer que essa não é uma excursão permanente para nós também. O dia-a-dia pode se transformar, para alguns, numa sucessão de lamentos acerca do que aconteceu, do que podia ter acontecido e do que nunca acontecerá. O futuro passa a inspirar medo.

Eu observo a reação de meus clientes diante da morte quando viajo para os Estados Unidos, a Europa, a Austrália, a Nova Zelândia e Israel. Viajando ou fazendo consultas por telefone, atendo pessoas do Canadá, da Escócia, da Suíça, da Itália, da Áustria, do Iraque, do Irã e da América do Sul. Percebo que, numa escala global, meus clientes estão adotando uma postura mais aberta com relação à morte. Estou constatando que um número cada vez maior de pessoas está vendo a morte — tanto a própria quanto a dos outros — como uma fase de transição, uma passagem para uma existência mais livre e mais ampla, e como parte de um *continuum* em que o contato com os entes queridos, colegas e mestres pode ser mantido.

À medida que muitos desses clientes vão adotando essa nova perspectiva, eles aprendem maneiras totalmente novas de reagir à previsão e à experiência da morte. A aceitação da morte como uma etapa natural da jornada da alma está começando a tomar o lugar de velhas crenças segundo as quais a morte é algo ruim que inspira medo. Sem um medo tão intenso rondando a perspectiva da morte inevitável do corpo, eu acho que as pessoas conseguem prestar mais atenção à vida no presente. Elas estão aprendendo a viver mais plenamente cada precioso momento que passa.

Pelo fato de ficarem mais presentes, essas pessoas também passam a ter olhos para tudo o que está ao redor delas, sem dar tanta atenção aos assuntos do passado e ao medo do futuro. Elas demonstram mais reconhecimento pelas dádivas que advêm dos desafios por que passaram. E notam muito mais os sinais ou as "sincronicidades" (aparentemente, uma regulagem psíquica dos eventos no tempo), que lhes servem de guia ao longo do caminho. Meus clientes estão fazendo escolhas pessoais mais sábias e conscientes e estão mais dispostos a se responsabilizar por essas escolhas, pois estão observando com mais atenção a própria vida.

Pessoas que passaram por esse despertar não sentem tanto medo, e meus clientes comentam comigo sobre a fé que sentem num plano perfeito e infinito, pelo qual são gratos mesmo quando a vida parece não levar em conta a vontade deles. Expressões de gratidão estão substituindo gritos de frustração. A fé num plano maior faz com que nos rendamos à Fonte muito antes que as circunstâncias da vida nos obriguem a fazer uma ruptura mais abrupta.

Para aqueles que passaram por essa experiência de despertar e de desapego, a morte inesperada ou iminente de um ente querido pode ser encarada com uma serenidade muito maior e com a certeza de poder oferecer mais conforto às outras pessoas. As circunstâncias desafiadoras os incitam a usar os dons que têm, deixando-os mais preparados para sentar ao lado da pessoa que está à beira da morte e confortá-la. Essas pessoas são capazes de encarar o processo pela qual elas estão passando como uma celebração, em vez de querer fugir e se esconder por trás da negação e do medo.

Meus clientes me contam sobre as dádivas que recebem quando se dão conta de que são capazes de ficar próximos do ente querido que está morrendo. Em alguns casos, eles conseguem ver o que essa pessoa vê em suas horas derradeiras, respirando no mesmo ritmo dessa experiência transformadora. Eles consideram como um verdadeiro tesouro os pensamentos e reflexões compartilhados nesses momentos finais, estando o ente querido consciente ou não! E o que é mais importante, eles podem participar da alegria e liberdade sentidas no momento em que o ente querido livra-se das restrições impostas pelo corpo físico e se liberta.

Enfrentar a morte de um ente querido, seja ela previsível, inesperada ou iminente, é algo que pode dar profundidade à nossa experiência de vida. Os relatos deste livro são uma prova da mudança de consciência que eu tenho observado. Trata-se de histórias pessoais vividas por clientes que deram atenção às "cutucadas" que os obrigaram a encarar a vida de um ponto de vista mais amplo. As experiências dessas pessoas — além de outras pelas quais eu mesma passei — mostram como elas estão aprendendo a confiar na capacidade que têm de ver e de sentir muito mais do que o normal, e a expandir suas perspectivas para além da ilusão acerca do tempo e da morte. Meus clientes ficam exultantes ao saber que a ligação que tinham com os entes queridos que partiram na verdade nunca se desfez. Quando se lembram do amor que sentiam por eles — e no momento em que sentem esse amor — seus corações se abrem e eles instantaneamente fazem surgir um vínculo mágico entre esses dois mundos.

AS TRANSIÇÕES DO ESPÍRITO

Somos seres eternos; somos energia. E a energia não tem fim. Ela se transforma, mas nunca acaba. Como eu já disse, o aspecto mais importante do meu trabalho é pôr abaixo velhas crenças a respeito da morte e livrar as pessoas do medo que sentem dela. Nas consultas, eu também sirvo de intérprete das almas que se apresentam, vindas do Outro

Lado, para se comunicar com os entes queridos, por meu intermédio. São almas que perderam o corpo físico e seguiram para a Luz.

Algumas pessoas me pedem para afastar espíritos de casas mal-assombradas, mas eu não sou uma "caça-fantasmas" que sai por aí no encalço de almas perdidas — aquelas presas entre duas dimensões e que não seguiram para a Luz. Assim como eu tendo a atrair como clientes almas que já passaram pela experiência do despertar, só espíritos que já receberam "orientação" do Outro Lado e estão em busca de reflexões significativas e aprendizado são convidados e "levados" a participar das consultas.

Quando a experiência terrena de uma alma termina de forma violenta, ela geralmente chega no Outro Lado atordoada e confusa. As almas costumam precisar de um período de descanso. Quando aquelas que cometeram suicídio percebem que, ao pôr fim à própria vida, desperdiçaram uma valiosa oportunidade de crescimento, tendem a retornar às pressas, só para cometer os mesmos erros do passado. Rezar para essas almas é algo que realmente as ajuda a ter condições de fazer escolhas mais sábias quando retornam à Terra.

Algumas almas, que viveram e morreram num estado mais desperto, tendem a voltar do Outro Lado mais conscientes e alertas. Algumas delas são acompanhadas por guias e anjos às consultas, para poder tratar de questões não-resolvidas. Outras parecem já conhecer o caminho.

Nossas almas em evolução nunca param de aprender. Quando fazemos nossa transição para a condição de espírito, encontramos mestres, tomamos aulas, contribuímos com projetos especiais, participamos de grupos e aprendemos refletindo sobre as nossas vidas passadas. Eu brinco, dizendo que existe até um AA (Alcoólicos Anônimos) do Outro Lado.

As almas se comunicam telepaticamente para ajudar na cura dos entes queridos, auxiliar um cliente a assumir a responsabilidade pelo papel que desempenhou no passado — e resolvendo, dessa forma, questões kármicas concernentes a ambos — e para provar que elas não "morreram". As almas também demonstram que o amor nunca acaba, e às vezes elas transmitem mensagens que não conseguiram transmitir enquanto estavam no plano físico.

As almas geralmente evocam lembranças que o cliente reconhece. Um deles encontrou, numa consulta, um velho amigo da época em que eram militares. Esse amigo, que tinha morrido alguns anos antes, imitou a manobra de um avião que meu cliente reconheceu na hora. Então ele o lembrou do nascer do sol que os dois contemplaram muitas vezes em seus vôos.

A CURA POR INTERVENÇÃO ETÉRICA

Uma psicóloga uma vez me pediu para fazer uma apresentação e "sintonizar" para um grupo de clientes com quem ela se encontrava regularmente. Passei algum tempo descrevendo os temas que cada membro do grupo estava trabalhando e procurando desenvolver — de acordo com o meu ponto de vista —, e servindo de intérprete para algumas almas do Outro Lado (geralmente da família) que vinham cooperar com o processo de resolução de algumas questões do passado.

Feito isso, a terapeuta confirmou que eu tinha mencionado a maioria das questões com as quais cada cliente se defrontava nas sessões particulares.

— O que você está fazendo chama-se intervenção! — disse-me ela.

Eu prefiro me referir a esse aspecto do meu trabalho como "intermediação etérica" ou "intervenção etérica". Ele é, muitas vezes, uma forma de facilitar o entendimento entre alguém que perpetrou um abuso sexual ou físico no passado e a vítima, meu cliente.

Um cliente da Virgínia já tinha sofrido, antes de completar sete anos, quatro concussões nas mãos do pai, agora já falecido. Quando eu recebo dados sensoriais telepaticamente, tenho que interpretar a informação do modo mais claro e preciso possível. Para mim, o maior desafio não é receber ou sentir a informação, mas comunicá-la de uma forma concisa e que faça sentido para o cliente.

Eu vi uma mão enorme desferindo um golpe violento. (Quando o que ocorreu foi um abuso sexual, eu geralmente vejo uma mão tateando.) Eu imergi na consciência desse pai, acessível além do tempo, e compartilhei muitos dos sentimentos que ele tinha na época em que o filho era pequeno. Senti a aversão que ele sentia por si mesmo, sua impaciência com o filho de natureza sensível e compleição pouco atlética e sua incapacidade de demonstrar amor ou afeição. Pude ver que ele também tinha apanhado quando criança.

Senti o quanto esse homem estava arrependido do que fizera no passado e que seu coração agora estava aberto e ansioso para entrar em contato com o filho. Então eu ouvi mentalmente as palavras dele e interpretei-as da seguinte forma:

— Seu pai está dizendo: "Por favor, entenda que a maneira como tratei você não era um reflexo verdadeiro do seu valor como pessoa. Eu detestava a mim mesmo por não ter conseguido satisfazer as expectativas do *meu* próprio pai. Projetei em você esse desprezo que eu sentia por mim. Se eu pudesse fazer com que você fosse perfeito, então eu me perdoaria. Você era uma criança muito sensível e fazia muitas perguntas que eu não sabia responder. Você falava a respeito dos seus sentimentos. Quando você dizia o que sentia, isso me deixava confuso. Meu pai me forçava a todo custo a atender as expectativas dele e eu me fechei para os sentimentos antes de você nascer. Os sentimentos me assustavam. Agora me parece mais fácil abrir o coração. Por favor, aceite meu amor. Você é amado. Eu costumava chamá-lo de "mariquinhas", mas você era um menino corajoso. Vamos pôr um fim nesse círculo vicioso de desprezo por si mesmo e maus-tratos. A sua cura é a minha cura."

Era como se o pai do meu cliente tivesse sido levado à nossa sessão para executar um projeto especial, uma viagem de estudos, e assim pôr termo a assuntos não-resolvidos com o filho. Esse tipo de sessão serve para confirmar que estamos todos juntos nisso, tendo ou não um corpo.

COLABORAÇÃO ENTRE DUAS REALIDADES

Tenho observado, com freqüência cada vez maior, uma mudança no teor das mensagens que prenuncia como trabalharemos juntos nessas duas realidades. Durante anos, as mensagens mais importantes para os clientes eram aquelas em que o ente querido dizia coisas do tipo: "Eu estou com sua mãe agora e estava com você no jardim, na semana passada, enquanto você podava as roseiras"; "Sua irmã pode ter ficado com as minhas pérolas, mas você ganhou o maior presente — saber que o amor entre nós nunca acabará"; "Não briguem por causa dos detalhes do enterro. Eu já não estou mais nesse corpo"; "Eu achava que meu valor como pessoa dependia das minhas posses, mas agora estou livre e posso ver muito além".

Agora, assim como nós — deste lado — estamos sendo estimulados a confiar na nossa intuição a respeito do papel cada vez maior que representamos como seres multissensoriais, parece que existem novos projetos e oportunidades para as almas que estão do Outro Lado. Algumas almas assumem o papel de guias, estimulando meus clientes a confiar na capacidade que têm de receber comunicações telepáticas, à medida que elas aprendem a transmiti-las a partir do Outro Lado. No futuro, estaremos todos trabalhando juntos. O véu que separa as dimensões física e extrafísica está sendo rasgado.

Quando faço sessões com enfermeiros, a sala se enche de almas querendo provar o quanto são intuitivos os pensamentos e gestos desses profissionais, ao cuidar de alguém à beira da morte. Bob era um paciente que sofria de AIDS. Ele voltou do Outro Lado para agradecer a enfermeira que cuidou dele — minha cliente Karla —, pelo carinho com que ela o tocou quando ele estava prestes a morrer. Ele me mandou imagens telepáticas do longo caule de uma planta, mantido num vaso à cabeceira da cama. Karla se lembrou de Bob; depois de descobrir em sua ficha que ele era fazendeiro, ela tivera a delicadeza de pôr um raminho de trigo no quarto dele.

Bob também lhe agradeceu por ter pedido, no momento certo, que os familiares se retirassem do quarto, para que ele pudesse se concentrar e pensar na jornada que tinha pela frente. Ele queria que ela soubesse que os pensamentos dela o tinham ajudado a se dirigir para a Luz. Também a encorajou a confiar na capacidade que tinha de ajudar os pacientes dessa forma.

Esse é um exemplo das muitas mensagens que eu recebo das almas do Outro Lado e interpreto para elas. O luto é um processo importante e necessário para os entes queridos que "ficam para trás". Lamentar a dolorosa ausência física de alguém que você conheceu e amou faz parte da experiência terrena. Através do processo de cura, você passa a entender que a vida é mudança e ela continua. Um dia ela permite que nos desapeguemos daqueles que já fizeram a transição para o Outro Lado.

O fato de passarmos por um período de luto não significa necessariamente que estamos impedindo as almas de seguir o seu caminho. Os sentimentos de raiva, culpa e abandono, em geral, fazem parte do processo de cura. Enquanto passamos pelas fases de dor e refazimento, as almas que partiram também passam pelo seu próprio processo de orientação, revisão e reflexão. Elas continuam sendo almas em evolução. Podem ver a vida de uma perspectiva mais ampla, mas não passam imediatamente para a condição de guru ou coisa do gênero, nem necessariamente sabem mais do que nós mesmos o que é melhor para nós.

É esse desejo comum de trazer Luz para este mundo por meio da cura e da resolução, e não a mera intromissão nas dimensões física ou extrafísica, que faz com que nós e nossos entes queridos do mundo espiritual possamos crescer juntos continuamente.

A TENTATIVA DE SALVAR O OUTRO

Quando entram no meu consultório pela primeira vez, meus clientes em geral estão passando por um sofrimento atroz. Instintivamente — ou por reflexo —, sou tentada a anunciar de imediato as boas notícias: "Adivinhe! Seu ente querido não morreu! Eu provarei isso a você!"

Essa atitude seria uma reação ao meu próprio medo de sentir tamanha dor. A parte do meu eu que já está mais esclarecida aprendeu que não temos o direito de arrancar a dor das outras pessoas. Nós sempre crescemos com essa dor, quando resistimos à tentação de nos colocar no papel de vítimas.

É extremamente importante que a pessoa que está sofrendo a perda do ente querido atravesse cada estágio do processo de luto, em vez de ser levada a negá-lo depois das "boas notícias". Qualquer tentativa de "salvar" o outro é um desrespeito, pois faz com que ele deixe de acreditar na própria capacidade para encontrar respostas e de curar suas feridas.

Aprendi como é importante reconhecer a dor dos meus clientes, em vez de tentar resgatá-los das garras dela. A vida nos desafia a crescer com a dor que sentimos. Ela certamente é uma forma de chamar a nossa atenção. Por isso, quando me encontro com um cliente que passa pelo período de luto, eu sondo meu coração em busca dos sentimentos de perda que eu mesma tive em minha vida, para então agir (e rezo para ser capaz disto) com sensibilidade e compaixão.

Isso feito, confesso que realmente adoro ser — e sinto-me abençoada por ser — uma mensageira da esperança, alguém que pode dar provas de que o que consideramos um fim é simplesmente uma fase de transição, num *continuum* de vida eterna.

NADA DO QUE ME SALVAR

A história desta cliente mostra como um casal encarou o diagnóstico de uma doença terminal e continuou a usufruir do melhor que a vida tem a oferecer. Mostra também como o relacionamento entre eles se aprofundou.

Meu marido, Gene, recebeu o diagnóstico de um mieloma múltiplo — um tipo persistente, embora pouco agressivo, de câncer nos ossos — cinco anos antes de morrer, em 22 de janeiro de 1993. Aceitamos a notícia encarando-a como uma informação útil e não como uma sentença de morte, embora o médico tenha afirmado que não era o caso de dizer: "Graças a Deus detectamos o problema a tempo", pois não havia uma cura definitiva para a doença. Imediatamente Gene começou uma série de tratamentos não-convencionais como acompanhamento nutricional e técnicas de medicina complementar, além de meditação e cura interior. Também continuou a reformar casas, um trabalho que ele passara a fazer há alguns anos e pelo qual tinha adoração.

Sendo o homem incrível que era, Gene pretendia viver a vida ao máximo, a despeito das previsões dos médicos.

— Fiquei deprimido por uns dias — dizia ele às pessoas —, mas isso enfraquece meu sistema imunológico e eu não posso me dar esse luxo.

Gene se sentia bem na maior parte do tempo. Continuava levando uma vida ativa, terminando de construir a nossa nova casa, jogando golfe, caminhando, lendo e fazendo algumas viagens. Como sempre fora uma pessoa dinâmica, ele teve de aprender a diminuir o ritmo à medida que o tempo foi passando, e a descansar mais. Quando sentia alguma dor, se é que sentia, ele se esforçava ao máximo para não deixar transparecer.

Gene e eu nos conhecemos no sexto ano da faculdade, portanto, por muito tempo fomos os melhores amigos um do outro. Nós simplesmente não deixávamos o fato de termos pouco tempo juntos pela frente interferir no tempo que nos restava, embora Gene tenha expressado, em algumas ocasiões especiais, o sentimento de perda iminente.

No dia do nosso quadragésimo aniversário de casamento, ele escreveu:

"40 anos —
Um tempo tão curto
para ser amigos íntimos
para amar perdidamente
para ter sucesso
para honrar um ao outro
para construir
para ter uma família
para aproveitar a vida
para curar
para ser
Um tempo tão curto
40 anos."

No nosso quadragésimo primeiro ano de casamento, ele escreveu: "Obrigado por esses 41 anos maravilhosos. Pelo amor, pelo carinho e, principalmente, pela amizade, Se, pela graça de Deus, pudermos passar mais um ano juntos, cada instante será mais um motivo para eu ser feliz." E nós de fato celebramos nosso quadragésimo segundo ano de casamento, em 2 de setembro de 1992.

Perto do fim do ano, ele já não conseguia se dedicar a tantas atividades, ainda mais depois que sofreu uma queda enquanto cuidava do jardim, quebrando três costelas. Com a ajuda de um quiroprático e de uma cinta reforçada, ele ainda conseguiu jogar um pouco de golfe nesse ano.

Aceitando esse novo desafio, ele estava determinado a tirar mais proveito da vida fazendo o que gostava — tocar trompete novamente, depois de trinta anos. Ele comprou um novo instrumento e praticou por seis meses a embocadura, para então entrar para a banda municipal. Ele também fez brinquedos de madeira para os nossos netos e para doar nas campanhas de Natal.

Em novembro de 1992, Gene apresentou algumas alterações no sangue. Químico por formação, ele sabia o que o esperava e eu senti que sua confiança ficou abalada, embora ele não me dissesse o que suspeitava. Olhando em retrospectiva, agora percebo que Gene sabia que seus dias estavam contados.

Ouvimos falar de um médico que passara a clinicar no México, quando muitos médicos respeitados começaram a discordar dos protocolos da American Medical Association. Esse homem tivera êxito ao tratar muitos casos difíceis de problemas nas costas, assim como conseguira fortalecer o sistema imunológico de seus pacientes. Os tratamentos duravam sete semanas e prolongavam-se por três dias a cada vez.

Nós não podíamos viajar de avião, pois Gene tinha contraído uma infecção de ouvido nas férias. Então, no dia seguinte ao Ano Novo, saímos de carro da nossa casa no nordeste de Sacramento e fomos para San Ysidro, na fronteira do México. Depois tomamos uma Van para cruzar Tijuana e fazer uma consulta com esse médico. Três dias depois, voltamos dirigindo para casa — uma viagem de treze horas. Dirigir não era fácil para Gene, mas ele estava disposto a tentar. Era passar três dias em casa e ir para a estrada outra vez.

Nessa época, editávamos um jornal de negócios trimestral e, quando estávamos em casa, eu fazia o possível para pôr em dia o meu trabalho. Depois de voltar para casa, na terça-feira à noite, depois da nossa terceira viagem, Gene se sentiu particularmente cansado. Na manhã seguinte, ficou claro que ele não estava bem e eu sugeri levá-lo ao hospital. "Eles só me matariam", foi a resposta dele. Então Gene ficou descansando na sua poltrona reclinável e eu corri para mandar a heliográfica corrigida de volta para a gráfica, sabendo que, se Gene fosse para o hospital, eu não poderia terminar meu trabalho.

Na quarta-feira à noite, ele não tinha força suficiente nos músculos para subir as escadas e ir para a cama, por isso teve de dormir em sua poltrona e eu, no sofá ao lado. Na quinta-feira, em torno do meio-dia, eu estava determinada a levá-lo para o hospital. Gene estava com dificuldade para respirar e por isso não conseguia inspirar oxigênio suficiente, e nós ainda tínhamos que enfrentar um trajeto de noventa minutos de carro até o hospital. Os anjos, com certeza, estavam ao nosso lado. Ele parou de respirar uns trinta minutos depois de entrar no pronto-socorro e eu autorizei o uso do respirador, dizendo que não tentassem nenhum ato heróico caso o coração dele parasse. Eu chamei Louise, que já conhecíamos há alguns anos, e nossos três filhos. Meu filho mais velho, que morava em San Diego, disse que chegaria em três horas.

Na manhã seguinte, dei uma passada rápida em casa, enquanto nosso filho ficou com Gene. Nas outras ocasiões em que ele ficara no hospital e nossos filhos me perguntaram: "Ele vai ficar bom?", eu disse a eles, "Claro, já posso vê-lo voltando para casa". Mas desta vez, quando cruzei a porta, a casa me pareceu vazia e eu soube que ele não voltaria mais. Para confirmar minha intuição, havia uma mensagem de Louise dizendo: "Vejo que está se formando uma comitiva de recepção." Numa sessão que tínhamos feito com ela no ano anterior, ela dissera que ele teria o tempo de que precisava.

Gene morreu 24 horas depois de chegar ao hospital. Nosso filho e eu nos despedimos, dissemos que ele podia partir em paz e que o amávamos muito. Estar ali quando ele deu seu último suspiro foi uma experiência profundamente espiritual para mim.

Louise me telefonou mais tarde naquela noite para dizer que Gene tinha aparecido rapidamente para dizer:

— Eu não sabia que estava tão preparado. Como é maravilhoso ficar livre da dor!

Essa foi uma bênção especial.

Quando Louise me visitou meses depois e fizemos uma sessão, é claro que Gene se apresentou, dizendo:

— Agora a jornada começa... para você e para mim.

E, embora eu não sentisse nenhuma culpa por não tê-lo levado para o hospital antes, estava intrigada por não saber por que eu simplesmente não percebera a gravidade do estado dele. Era como se eu tivesse, de certa forma, bloqueada. Então eu lhe perguntei. A resposta dele me ajudou muito.

— Se você tivesse percebido, talvez conseguisse me salvar ... como se houvesse algo do que me salvar.

Ele também me disse que, enquanto eu acariciava sua testa, dizendo-lhe adeus, ele estava atrás de mim, me abraçando.

Eu nunca duvidei de que existisse vida após a morte e eu sabia que Gene encontraria coisas que gostaria de fazer no lugar que muitos de nós chamam de "céu". Depois de ler *Testimony of Light*, de Helen Greaves, ele ficou encantado com a idéia de que havia algo para se fazer do "Outro Lado". Por intermédio de Louise, eu perguntei a ele se sua experiência era parecida com a que Greaves relatou:

— É, só difere um pouco — ele disse.

Com o passar do tempo, eu soube, através de Louise, que Gene tinha se dedicado, em sua vida espiritual, a atividades científicas e ligadas à engenharia. Seu grupo estava trabalhando em "aparelhos" que facilitariam a comunicação entre as duas dimensões.

— Algo parecido com fibras óticas — esclareceu ele.

Na última sessão, Louise explicou:

— É quase como se ele tivesse um túnel que vai de onde ele está até você, como um corredor. E, como ele disse antes, está estudando para aprender como transmitir energia para o outro lado do túnel. É como se tivéssemos duas pessoas nas extremidades opostas construindo uma ferrovia, e uma está em Nebraska e a outra na Califórnia. Uma constrói em direção à outra até o ponto em que os trilhos se encontrem.

Pat Barrentine

RECRIAÇÃO, RECONSTITUIÇÃO, REPOSICIONAMENTO

Muitos acontecimentos que consideramos uma novidade na nossa vida são, na verdade, repetições de aventuras terrenas que vivemos no passado. Nossa infância, as circunstâncias da nossa vida e os desafios que enfrentamos constituem um palco magistral para que possamos nos reposicionar na vida, despertar e fazer novas escolhas. Recriamos cenários do passado para estimular a memória anímica de temas do passado — realizações e oportunidades perdidas — e nos lembrar de que é preciso continuar do ponto em que paramos.

Às vezes, no entanto, as pessoas interpretam mal uma lembrança anímica e a vêem como uma deixa para agirem assim como fizeram no passado. Já aconselhei mais de um cliente que pensava ter encontrado sua alma gêmea, muito embora essa pessoa fosse casada e tivesse vários filhos pequenos. Eles tomam os fortes sentimentos de familiaridade que essa pessoa lhes desperta como um sinal claro de que nasceram para viver juntos. Em casos como esse, eu geralmente descubro que esses clientes estão se lembrando de relacionamentos que tiveram um dia com essa pessoa. Então eu mostro uma vida passada que confirma as minhas suspeitas.

— Por que acha que vocês dois tomaram rumos tão diferentes, tornando inviável um relacionamento entre vocês agora? — perguntei a Beth, uma cliente que eu atendia pela primeira vez.

Consultora de uma grande empresa de computação, ela estava frustrada com a atração que sentia por Bill, um homem casado e pai de quatro filhos.

Durante a sessão, descrevi o panorama de uma vida passada. Nessa outra vida, eles viveram muito tempo juntos, na França. Ela o apoiou em seus embates políticos, fazendo manobras socialmente corretas que promoveram o sucesso do marido. Ela também se dedicou à criação dos cinco filhos, três meninos e duas meninas, que tinha com ele.

Também vi Beth em seu leito de morte, cercada pelo marido que adorava e pela maioria dos filhos. Ela morreu em paz, satisfeita, mas curiosa a respeito dos outros potenciais que poderia ter desenvolvido.

— O mais provável é que sua vida tenha se apresentado dessa forma para incentivar ambos a possibilitar que o relacionamento entre vocês se transforme em algo novo e dê origem a algo diferente — eu disse a ela. — Talvez essa ligação do passado leve vocês a travar uma amizade que estimule a criatividade, a implementação de uma idéia nova, ou favoreça o desenvolvimento espiritual um do outro.

O fato de existir obstáculos para a vida em comum de supostos parceiros é simplesmente um sinal que eles têm de interpretar. Na verdade, o drama kármico pode tentar os "atores" a desempenhar o mesmo papel, a repetir os mesmos padrões e escolhas do passado. Eu acredito, no entanto, que estamos evoluindo rápido demais e nos expandindo muito para nos deixarmos levar por influências kármicas. Quando formos para a Luz e fizermos uma retrospectiva da nossa vida, talvez nos arrependamos das oportunidades que perdemos ao repetir as mesmas escolhas do passado.

OS "EUS" DO PASSADO OFERECEM SUAS DÁDIVAS

Muito além da ilusão do tempo, você ainda vive suas vidas passadas e outras vidas simultâneas a esta. O passado existe ao mesmo tempo que o presente. Às vezes, é bom considerar metaforicamente as vidas passadas. Os "eus" do passado podem representar aspectos seus que estão prontos para morrer em paz; eles representam um excesso de bagagem que você não precisa carregar com você no futuro. A hipnoterapia, as regressões a vidas passadas e as meditações orientadas podem ajudá-lo a identificar os medos e as questões inacabadas que você ainda precisa resolver.

Esses "eus" do passado também têm dádivas a oferecer. Eles representam aspectos da sua essência infinita que você precisa voltar a despertar — talentos, potenciais criativos e coragem que ainda são acessíveis. Por exemplo, um tempo atrás, descobri que eu sou minha própria avó. Meu pai pôs em mim o nome dela — que era mãe dele. Ela morreu em 1943 e eu nasci em 1946. Algumas pessoas acham que, quando a alma volta rápido assim, é porque ela é puxada para a dimensão física ou vem para cumprir uma determinada missão. No meu caso, a primeira possibilidade é menos provável que a segunda.

Minha avó (ou seja, eu mesma) escreveu oitenta livros e trezentos contos. Ela também foi historiadora da Pony Express, em St. Joseph, Missouri. Ela gostava tanto de escrever que muitas vezes lia o dia inteiro e escrevia de madrugada. Com seus textos, ela sustentou três famílias, durante a Grande Depressão. O *stress* causado por tantas noites insones levou-a a tomar pílulas para dormir, com a esperança de poder descansar. O hábito fez com que ela acabasse precisando ficar internada algum tempo num sanatório.

Meu primeiro emprego — nesta vida — foi num hospital para doentes mentais, onde trabalhei como musicoterapeuta e pesquisadora. É como se os acontecimentos desta vida me levassem a dizer, "Muito bem, vejamos onde eu parei".

É incrível pensar que eu me dei bem com minha mãe tanto agora, no papel de filha, como nos tempos em que eu era sua sogra. Também me ocorre às vezes uma vaga lembrança anímica — vinda de outros tempos — da admiração que eu sentia pelo fulgor espiritual da minha nora (minha mãe). Eu me lembro de que esse traço era algo que me intimidava um pouco e me fazia querer explorá-lo — inevitavelmente — como sua filha.

Confiante de que carrego reminiscências do talento que aquela Louise do passado tinha para escrever, as lembranças anímicas me ajudaram a chegar à conclusão de que, nesta encarnação, meu objetivo é dar mais ênfase ao aspecto espiritual que faltou nessa vida anterior. As lembranças anímicas também ajudam a explicar o medo que, esporadicamente, sinto de escrever — como se a intensidade do processo criativo pudesse me consumir. É importante que não nos apeguemos muito a nenhum "eu" ou vida do passado. Estamos nos expandindo agora, para sermos maiores do que qualquer eu que um dia já fomos. Mas certamente é bom estar ciente dos nossos aspectos atemporais — e ainda acessíveis —, pois isso faz com que confiemos nos nossos potenciais e superemos os nossos medos.

Morei durante três anos aos pés das montanhas chamadas Colorado Rockies, as mesmas onde meu eu anterior ia passar férias todo verão, na época em que morava no Missouri. Isso explicou por que eu sempre quis conhecer essa região.

Mas então os planos da vida fizeram com que eu me mudasse de lá. Numa noite de verão, tive uma visão que mudou toda a minha realidade em apenas meia hora. Três semanas depois de ter recebido as novas "ordens", eu já tinha vendido tudo e chegado ao meu novo destino, a cidade de Nova York.

TRILHAS FELIZES

A história a seguir mostra como o fio de uma ligação pertencente a uma vida passada tornou-se a trama da tapeçaria de uma vida presente, crian-

do um impulso incontrolável para voltar a encenar inconscientemente aspectos do cenário passado e assim progredir. Trata-se de um lembrete encantador da ligação que duas almas podem ter além da vida e de como esses laços do coração aceleraram a evolução de ambas.

Hal, meu marido há vinte e três anos, se aposentara do trabalho em ferrovias. Eu era uma enfermeira aposentada, que, além de receber uma pequena pensão do Estado, tinha um negócio que ia muito bem. A vida era boa, embora eu fosse uma pessoa extremamente ocupada. Hal sempre sonhara em ficar ao lado da família, tocar sua harmônica e passar os dias lendo e tirando seus cochilos. Ele trabalhara duro a vida inteira. Tirando as caminhadas de 8 a 10 quilômetros que fazia diariamente, ele gostava de não ter que se preocupar com nada.

Meu marido então começou a falar sobre o que eu deveria fazer se algo acontecesse a ele. Hal me dizia para eu me casar novamente caso ele morresse, para não me sentir sozinha. Essa conversa toda me deixava assustada. Eu ficava me perguntando se ele estava escondendo algo de mim. Mas ele sempre negava que houvesse algum problema, dizendo simplesmente que sentia que morreria primeiro do que eu. Ele fez uma bateria de exames, mas nenhum problema foi detectado. Mesmo assim, eu sentia que ele sabia algo de que ninguém mais tinha conhecimento e morreria logo, me deixando sozinha. Ele só não sabia dizer como ou por que sabia disso.

Resolvi dar ouvidos ao que Hal me dizia e procurei passar mais tempo ao lado dele, observando-o de perto. Deixei meu negócio aos cuidados de uma pessoa de confiança e começamos a fazer tudo o que sempre quiséramos fazer, mas nunca conseguíramos porque não havia tempo. Fizemos um cruzeiro de navio. Na companhia de um casal de filhos, voamos para a Costa Rica, onde Hal pôde satisfazer a vontade de praticar seu espanhol. Dirigimos nosso *motor home* da Califórnia até a Flórida. Passamos juntos alguns momentos memoráveis.

Hal nunca apresentou nenhum sintoma de doença. Sua pressão sangüínea continuava boa como sempre. Ele não parecia deprimido, mas continuava a sentir uma tristeza esmagadora por achar que ia me deixar. Aparentemente, ele nunca tivera medo de morrer. Era a idéia de nos separarmos que mais o fazia sofrer. Confiando nos sentimentos dele, eu comecei a pensar também em como seria viver sem ele. Sempre que eu estava sozinha em casa, sentia-me estranha, como se devesse prestar atenção em algo. Quando eu me sentava em silêncio por um certo tempo, um sentimento de perda esmagador me oprimia. Eu sentia o coração apertado. Ficava contente ao me sentar ao lado dele, mesmo enquanto ele tirava uma soneca. Eu me sentava e o observava. Estudava o formato de sua cabeça, os sinais na pele do rosto. Sentia-me muito protetora com relação ao meu marido e o chamava de "meu menino, meu doce menino". Acho que eu estava tentando imprimir na minha memória a lembrança de sua imagem. Eu também já não conseguia negar o sentimento de que o perderia em breve.

Hal e eu passamos a ser pessoas muito mais espiritualistas, embora ele estivesse zangado com Deus, por saber que me deixaria sozinha. Nenhuma vez, porém, ele expressou medo de morrer.

Durante esses 18 meses, tivemos uma relação mais estreita e afetuosa do que eu jamais imaginara. Sempre esperávamos um ao outro, trazíamos pequenas guloseimas para acompanhar o chá ou servir com vinho. Sentávamos num lugarzinho adorável e romântico do jardim ou ficávamos horas conversando na varanda. Era com se vivêssemos um sonho maravilhoso.

Hal, no entanto, chorava todas as noites, com medo de que não acordasse pela manhã. Nós nos abraçávamos e tentávamos nos desvencilhar desse medo, sabendo que não poderíamos mudar algo que ele sentia ser inevitável. Também sabíamos que o amor que tínhamos um pelo outro não podia ser maior.

Quando sua hora chegou, estávamos em outra cidade, sentados no banco de uma igreja, com nosso filho e a família dele. Hal sentara-se ao meu lado, com as mãos há alguns centímetros das minhas. Eu me virei para ele com um sorriso e vi sua cabeça cair para trás. Ele tinha um olhar vazio. Três médicos da congregação tentaram ressuscitá-lo, mas ele morreu numa fração de segundo, como uma vela que se apaga.

Oh, meu Deus, não aqui, não agora!, pensei. Eu queria pelo menos dizer adeus. Ouvi o coro da igreja cantando ao fundo, enquanto observava os médicos tentando ressuscitar Hal. Seus esforços foram inúteis. Eu me distanciei dos outros por um instante e foi então que senti uma mudança. Virei-me para meu filho e sua mulher e disse:

— Está acontecendo alguma coisa!

Eu não ouvia mais nada. Acima e à direita das pessoas que se debruçavam sobre o corpo de Hal, divisei de repente um fiapo de fumaça, como uma leve névoa. Vi extasiada quando ela veio, num *flash*, em direção ao meu peito, tirando-me o fôlego.

— Ele está aqui! Ele está aqui! Agora! Comigo! — eu disse.

Depois disso perdi todo o interesse em saber o que estava por acontecer. Não me importei em sair dali de ambulância, ao lado do corpo dele. Eu sabia que Hal estava comigo. Sentia-me calma. Ajudei a decidir qual o melhor jeito de transportá-lo para o hospital, muito embora soubesse que aquilo não tinha nenhuma importância. Eu queria que deixassem o pobre corpo do meu marido a sós.

Meu filho estava chocado, por isso outra pessoa teve de nos levar ao hospital. As lágrimas escorriam, à medida que eu me dava conta do que acabara de acontecer. Pensei na primeira vez em que eu entrara naquela igreja, meses antes, logo depois que meu filho mudara-se com a família para Modesto. Patti, minha nora, e eu tínhamos acabado de deixar as crianças na escola dominical. Apressamo-nos para chegar à capela, depois de percorrer o mesmo corredor externo. Cruzamos o pequeno saguão e subimos rapidamente as escadas para sentar no balcão. Quando ouvi o coro começar a cantar uma belíssima harmonia, uma onda tão grande de tristeza e pesar se apossou de mim, que diminuí a marcha ao sentir as lágrimas aflorando em meus olhos. Soluçando sem saber por que, encostei-me à parede. Patti voltou para ver o que estava acontecendo. Eu não consegui explicar.

Agora sei que tive um vislumbre de um momento futuro, quando eu me sentaria ali, ao lado de Hal, pela última vez. Tudo parecia surreal, como se eu fosse só a personagem de uma peça, passando pela vida como se não tivesse nada a ver com ela. Mas, o tempo todo, parecia haver um plano mestre que não coincidia em nada com as minhas próprias escolhas.

Fomos acompanhados até uma sala de espera ao lado do pronto-socorro. Pessoas do hospital e da igreja iam e vinham, tentando nos dar esperança. Eu estava confusa. Sabia que Hal estava morto, que nada que fizessem faria diferença. Eu sabia que Hal não estava lá. Ele estava comigo, ao meu lado. Eu queria ficar sozinha. Queria acordar daquele pesadelo.

Eu me sentia mais calma relembrando uma cena da noite anterior. Hal e eu estávamos nos preparando para dormir, no nosso *motor home*. Ele tinha assistido a um casamento nesse dia e planejado ir à igreja com nossos filhos na manhã seguinte. Nesse momento eu tive um pressentimento terrível. Chorei horas seguidas, sem querer enfrentar o dia seguinte. Não entendia meus sentimentos, tudo o que eu queria era fugir do amanhã. Hal não conseguiu me consolar. Acabou caindo no sono, com os braços em torno de mim. Agora sei por que eu me sentia daquela forma.

Alguns meses depois, em meio a um luto profundo, sentei-me, tentando aceitar que Hal se fora. Eu ainda viveria anos longe dele, embora ainda sentisse sua presença. Uma dor insuportável me lembrava o quanto eu ainda precisava dele. Às vezes, quando me dava conta de que ele não voltaria mais, eu acalentava a idéia de me juntar a ele. Com freqüência cada vez maior, eu acordava à noite em lágrimas, sentindo intensamente a presença dele. O que eu poderia fazer para me sentir melhor?

Quem respondeu a essa pergunta, por mais estranho que possa parecer, foi o próprio Hal. Um dia minha filha mais nova convidou-me para ficar para o jantar. Depois de terminarmos a refeição, meus netos foram para a sala assistir a um programa de televisão. Lori então perguntou como eu estava. Pelo seu tom percebi que ela estava realmente preocupada. Caí instantaneamente no choro. Confessei que não sabia como viver sem Hal. Não estava certa de que queria continuar vivendo. Lori aproximou sua cadeira da minha e se curvou sobre a mesa para poder me abraçar.

Disse então que tivera um sonho. "Papai" tinha aparecido para ela, dizendo que minha vida estava correndo perigo e ele não podia vir de onde estava! Ela contou que, embora eu estivesse ao lado dele no sonho, eu não podia ouvir o que ele dizia. Ele repetiu a mensagem várias vezes, enfatizando o quanto eu corria perigo.

— Meu Deus! — exclamei.

Fiquei atônita com o que minha filha disse. Parei de chorar na mesma hora. Ela então continuou falando, fazendo-me prometer que não pensaria em nenhuma besteira como suicídio. Também insistiu para que eu passasse a noite na casa dela.

Eu não conseguia dormir, mas devo ter cochilado, pois de repente acordei assustada e com o coração acelerado. Eu sabia desde os tempos em que era enfermeira que eu tinha uma fibrilação atrial! A câmara superior do meu coração batia num ritmo acelerado e inconstante, enquanto a câmara principal, inferior, continuava a bombear, com esforço, o sangue para o resto do corpo.

Procurei a todo custo me acalmar. Tentei então mudar de posição. Fui para a sala de estar, onde podia me sentar com a coluna reta, na esperança de que a mudança de posição fizesse com que o coração voltasse ao ritmo normal. Nada aconteceu. Comecei a pensar em morrer, em aproveitar o fato de que estava com uma saúde tão precária. Também estava confusa a respeito do que o sonho de Lori queria realmente dizer.

Eu não queria incomodar a família de minha filha. Todos eles tinham muitos compromissos no dia seguinte. Então voltei sozinha de carro para casa, com a justificativa de que, no meio da noite, haveria menos trânsito se eu seguisse pela estrada ao sopé das montanhas. Felizmente, eu estava certa. Minha decisão não colocara em risco a segurança de ninguém.

Meu coração continuou acelerado. Trinta minutos depois, quando cheguei em casa, senti que ele estava cansado. Eu não sabia ao certo se o sonho significava que, se eu provocasse minha própria morte, não poderia me encontrar com Hal. Ou será que significava que, mesmo que eu morresse naturalmente, eu ainda assim não poderia chegar onde ele estava, porque minha vida não tinha sido boa o suficiente? Eu estava atormentada, tentando entender o que o sonho representava.

Três horas e meia se passaram e meu peito se agitava como uma máquina de lavar fora de prumo. Eu ligava para o serviço de enfermagem do Health Maintenance Organization quando meu coração voltou a bater normalmente! Desliguei o telefone enquanto ouvia a enfermeira me alertar para que ligasse imediatamente para o serviço de emergência. Eu tive uma sensação maravilhosa de paz e soube que não se tratava apenas de alívio pela arritmia ter passado. Eu me sentia lúcida. Tinha acabado de decidir que queria viver.

Disse "Obrigada" mentalmente e me ajeitei no sofá, enquanto o dia amanhecia lá fora. Quando acordei de manhã, senti como se tivesse começando um novo capítulo da minha vida. Pensei comigo mesma que, se era para eu viver, eu ia querer fazer a minha parte para entender o que estava acontecendo. Eu queria crescer!

Comprei livros que falavam da vida depois da morte e que o espírito continua depois que o corpo morre. Comecei a meditar, o que me ajudou a me concentrar e ficar mais calma. Fiz alguns cursos no Monroe Institute e ali aprendi a sentir meu corpo astral, que pode deixar meu corpo físico. Mas mesmo com essas experiências tão úteis e com muitos outros livros, eu sentia que começava a me deixar levar por um sentimento de tristeza e desesperança. Eu precisava de respostas.

Quando lavava os pratos, uma das tarefas de Hal, eu muitas vezes me pegava cantarolando a velha canção de Roy Rogers *Happy Trails to You* ... Eu ainda queria saber por que nós dois sabíamos de antemão que ele ia morrer.

Uma noite, decidi de última hora assistir a uma palestra dada por Louise Hauck, no Learning Exchange da minha cidade. Assim que ela começou a falar, senti uma paz infinita. Ouvi atentamente cada palavra que ela disse. No final, fomos informados de que só restavam três horários para consultas particulares. Consegui marcar uma consulta, embora houvesse muitas pessoas na minha frente, na fila. Eu estava radiante. Contava os dias que faltavam para o nosso encontro!

Essa foi uma experiência que de fato mudou a minha vida. Por meio de Louise, ouvi de Hal as mais doces palavras de confirmação. E elas só podiam ter partido de Hal. Ele falou sobre coisas que tinham acontecido nos momentos em que eu estivera sozinha, sentindo a presença dele.

Também soube que meu pai, minha mãe, meu irmão e meus avós — todos já falecidos — mal podiam esperar para provar que estavam ali comigo, transmitindo-me seus pensamentos cheios de amor. Louise me falou sobre muitas coisas que aconteceriam na minha vida, em decorrência desse evento transformador — a perda de Hal —, como se ele estivesse mesmo fadado a acontecer. Louise terminou a sessão com uma pequena canção oferecida por todos os que estavam do Outro Lado: *Happy Trails to You*...

Finalmente eu havia conseguido algumas respostas. Minhas experiências tinham razão de ser. Eu não estava ficando louca. Agora eu podia seguir em frente e tentar ajudar outras pessoas. Comecei meu próprio grupo de apoio, constituído de viúvas, e constatei que muitas de nós precisam muito mais do que informações a respeito das várias etapas do processo de luto.

Louise estava interessada em descobrir por que Hal e eu recebêramos antecipadamente a informação e a consciência de que ele ia partir. Ela viera conversar com meu grupo de viúvas, que já havia crescido bastante na época, e ficou por alguns dias para dar algumas consultas particulares. Durante essa semana, Louise fez outra sessão comigo, na qual conseguiu a informação que tanto procurávamos.

Tudo estava relacionado com algumas encarnações que Hal e eu passáramos juntos. Louise descreveu uma cena em que ela me viu num ambiente escuro e triste, presa atrás das grades de uma prisão, sentindo-me exausta e com medo. Eu estava ao lado da cama do meu filho mais novo, que parecia gravemente doente. Era Hal. A cena parecia-se muito com um romance de Charles Dickens. Louise viu detalhes, como os suspensórios que meu filho usava. Aparentemente, eu não conseguira fazer com que ele recebesse os cuidados médicos que poderiam lhe salvar a vida. Nosso desespero era amenizado pela determinação e a vontade de ajudar um ao outro, lembrando-nos de sentir a luz divina e de confiar nos planos de Deus. Louise disse que fiquei sentada ao lado dele durante semanas que se transformaram em meses, velando pelo meu menino, "meu doce menino".

Quando ouvi as palavras de Louise, reconheci o mesmo sentimento que eu costumava sentir enquanto Hal dormia, todos aqueles meses antes da sua morte. O amor sincero que eu sentia e as preces desesperadas para que ele continuasse ao meu lado também me pareciam extremamente familiares. Louise descreveu como os laços que tínhamos formado ao longo das vidas ainda se mantinham, fazendo com que continuássemos juntos, criando um novo potencial.

Eu pensava: Mas com que propósito? Só para nos separarmos novamente? Imediatamente Hal deu a Louise uma resposta direta que pôs fim às minhas dúvidas. Ele disse que, pelo fato de termos estabelecido uma ligação tão profunda ao longo das vidas e por eu ter superado o luto e crescido com a minha busca pela verdade e por entendimento, como resultado da nossa experiência mais recente, agora estávamos aptos a elevar nossos laços de amor a um nível superior e eterno. Tínhamos superado nosso maior obstáculo. Poderíamos agora prosseguir, fazendo juntos um trabalho muito importante.

Hal enfatizou que, com o apoio dele — e dos meus pai, que também estavam do Outro Lado —, minha intuição aumentaria, permitindo que eu ajudasse outras pessoas em sua busca por significado na vida, depois de sofrer uma grande perda. Ele disse o quanto estava orgulhoso de mim. Sabia que eu estava me sentindo melhor agora e era capaz de sentir seu eu eterno, muito mais do que o Hal de que eu me lembrava. Ele também sabia que eu já sofria menos com a perda da sua forma física, o que dava margem para que se estabelecesse uma base muito mais rica e saudável. Eu senti que, ao perder o amor da minha vida, caminhos novos e maravilhosos se abriram à minha frente. Eu ansiava por novas aventuras. E Hal e eu continuaríamos uma ligação que beneficiaria o nosso caminho espiritual.

Passara-se apenas um ano desde a morte de Hal, quando escrevi isto. Minha família e meus amigos estão encantados por eu ter superado tudo tão bem! Minha vida, depois da morte dele, é um testemunho da realização que encontramos no mundo multidimensional. E recebemos as bênçãos desta vida quando a aceitamos de braços abertos e confiamos nas dádivas oferecidas por Deus.

Jan Pikowsky

O BALÃO EM FORMA DE ESTRELA

Este relato quem fez foi Don, um homem que não se achava capaz de superar a morte da mulher, Jackie. Descobrimos que havia um impulso para a autodestruição que começara numa vida passada e ameaçava destruir esta.

Nas primeiras sessões, Jackie apresentou uma série de provas da sua presença, entre elas algumas lembranças do passado. Deu o nome de alguns animais que ela e Don tinham amado e criado durante muitos anos, mostrando-me cenas do cavalo dela, Estrela, e de Gigi, o porquinho-da-índia. Uma das sessões começou com Jackie mostrando-me — por meio de mímica — uma cena que eu interpretei como alguém colocando uma assadeira cheia de biscoitos no forno.

— Jackie era muito caseira? Ela assava biscoitos? — perguntei.

— Não — Don respondeu rápido. — Ela não era nem um pouco caseira. Raramente assava alguma coisa.

Na manhã seguinte, Don deixou a seguinte mensagem na minha secretária eletrônica: "Olá, Louise. Você se lembra da minha consulta ontem, quando você viu que Gigi, meu porquinho-da-índia, tinha morrido? Bem, eu enterrei o corpo cremado e as cinzas perto do lugar reservado para Jackie e para mim. Esta manhã, chamei o veterinário para perguntar como ele tinha cremado o corpo de Gigi. Ele disse, 'Bem, é como se eu colocasse o corpo numa assadeira e o pusesse no forno'. Jackie estava nos dizendo que ela sabia sobre a morte de Gigi!" Vai entender!!, pensei comigo mesma. A gente nunca sabe que tipo de confirmação o cliente espera.

A última vez que Don teve uma consulta, ele gritou para Jackie:

— Louise disse que, se eu conseguisse superar esta dor, isso me traria algumas dádivas. QUERO SABER QUE DÁDIVAS SÃO ESSAS!

Foi como se Jackie tivesse perdido a paciência com Don diante da incapacidade que ele demonstrava para enfrentar novas aventuras e experiências na vida. Ela própria já estava passando para níveis (freqüências) mais elevados, em virtude do que aprendera do Outro Lado.

— Você está VIVENDO essa DÁDIVA! — ela respondeu enfaticamente. — Você recebeu a bênção de viver outra vez para aprender o valor do dom precioso que é a sua VIDA!

Nesse momento, vi num relance uma vida passada em que Don também perdera Jackie e se entregara à bebida até causar a própria morte. Eu o vi andando aos tropeções numa viela, infeliz, miserável e cheio de amargura. Eu podia ver que havia uma nora tentando ajudá-lo, mas ele a afastara com gestos rudes e palavras duras.

— Eu afastei minha própria filha, nesta vida — Don comentou baixinho.

Ele achava que Deus o tinha desapontado, tirando-lhe a esposa e abandonando-o. Felizmente — de acordo com o plano divino —, a dor de perdê-la forçou-o a levantar questões importantes sobre a vida, a morte e sua própria jornada pessoal. Não tivesse passado pela dor da perda, e Don não teria prestado atenção no plano da vida nem nos sinais que ela lhe apresentava para guiá-lo rumo a novas experiências. Atualmente, Don vê a vida de uma perspectiva mais ampla e optou, nesta vida, por continuar seu caminho aqui na Terra, até concluir o aprendizado e as lições que lhe faltavam.

Minha vida divide-se em duas partes — antes de 18 de março de 1995 e depois de 18 de março de 1995. Antes dessa data, eu trilhava o caminho horizontal do materialismo, não o caminho vertical rumo a Deus. Eu sou uma pessoa instruída; tenho um diploma da escola técnica e três de faculdade. Minha mulher, Jackie, era uma psicóloga de sucesso, com título de doutorado, e eu era arquiteto e administrador. Nós acumulávamos bens materiais além dos sonhos da maioria das pessoas entrincheirada no materialismo.

Jackie era uma pessoa cheia de energia, que fazia exercícios de quatro a cinco vezes por semana, tinha uma alimentação saudável, tomava vitaminas e corria em torno de 10 quilômetros por dia. Ela tinha 49 anos, mas de fato parecia muito mais jovem por causa da sua beleza e saúde exuberantes. Um dia ela caiu de cama por causa de uma gripe. Dois dias depois, no meu aniversário, ela morreu.

Quatro cirurgias foram feitas na tentativa de salvá-la, todas em vão. O médico disse que o vírus da gripe tinha afetado o coração e não havia nenhum tratamento que fosse eficaz. Os aparelhos tiveram que ser desligados e eu observei a pessoa com quem eu tinha vivido 28 anos e nove meses — a única pessoa que eu amava incondicionalmente, a única por quem eu morreria alegremente um milhão de vezes — morrer lentamente diante dos meus olhos.

Por semanas, eu não consegui comer nada, e passei vários meses tomando remédio para dormir. Cheguei ao ponto de pensar em me matar, intoxicando-me com gás carbônico.

Um dia depois de eu comprar o equipamento para levar esse plano a cabo, uma de minhas amigas pediu-me para ir a uma "sensitiva" que estava na cidade por aqueles dias. Ela acabara de vir de um seminário dessa pessoa e achava que ela poderia me ajudar. O nome dessa sensitiva era Louise Hauck.

Eu não sou de maneira alguma uma pessoa espiritualista e tinha só uma vaga idéia do que fazia uma sensitiva. Mas, nessa época, eu estava tão deprimido que nada importava, portanto eu marquei uma consulta para o dia 9 de maio de 1995 e fui ver Louise. Eu esperava encontrar uma mulher em trajes ciganos, sentada em frente a uma bola de cristal. Mas encontrei justamente o oposto: uma mulher bonita, de cabelos presos num coque e usando roupas comuns, de trabalho. Nada em sua sala lembrava uma bola de cristal.

Louise me deu um caloroso abraço e sentamo-nos, frente a frente, a uma mesinha. Ela começou a dirigir uma prece a Deus para que as informações que obtivéssemos fossem para o bem de todos. Achei um pouco estranho envolver Deus naquilo, mas ao mesmo tempo pensava, que diabos, fazia décadas que não via ninguém rezar e podia até ser bem interessante. Eu sabia que provavelmente havia um Deus lá fora em algum lugar, mas não o relacionava a nada que estivesse acontecendo na minha vida na época. Eu só não sabia por que Louise precisava pedir alguma coisa a Deus.

Nesse encontro de uma hora, fiquei simplesmente pasmo. Louise me disse coisas que eu tinha certeza de que só eu e Jackie sabíamos. Ela chegou a descrever as feições de Jackie e as roupas que ela usava. Louise também disse que soubera, por intermédio de Jackie, que eu estava pensando em me matar. Minha mulher também mencionou que eu tinha me suicidado em circunstâncias semelhantes numa outra vida. E que, desta vez, essa seria certamente minha opção também; no entanto, se eu fizesse isso, passaria um longo período dormindo no mesmo lugar em que passara da última vez em que tinha tirado a própria vida.

Ela disse que Deus havia me dado outra chance de viver a mesma situação repetidamente, até que eu trabalhasse a dor de perder Jackie. Eu estava confuso e atordoado. Como Louise sabia que eu estava planejando me suicidar? Eu não dissera a ninguém, nem mesmo aos meus amigos íntimos. Já ouvira falar de pessoas que tinham esses dons, mas nunca me encontrara com uma.

Ocorreu-me uma idéia. Eu disse a Louise que, se Jackie estava realmente presente, eu queria que previsse algo que fosse acontecer comigo num futuro próximo. Achei que, pertencendo ao futuro, isso não seria algo que estaria em minha mente naquele momento, portanto não estaria registrado para que Louise pudesse captar. No entanto, se fosse verdade, eu teria de acreditar nela.

— Tudo bem — disse Jackie, por intermédio de Louise. — Você vai saber que estou aqui presente quando acontecer a você o seguinte: Você estará num encontro. Haverá alguém falando num pódio e um copo de água perto dessa pessoa. Algo acontecerá e a pessoa no pódio parará de falar, fará uma piada a respeito e a platéia rirá.

Jackie estava muito envolvida com sua carreira profissional e trabalhava ativamente com organizações comerciais. Eu tinha de estar presente numa homenagem à Jackie feita por uma dessas organizações no dia 21 de maio, duas semanas depois da minha sessão com Louise. Eu achava que, se aquela previsão maluca fosse acontecer, tinha de ser nesse encontro. Contei a alguns amigos a respeito, para ver se tudo aconteceria exatamente como ela predisse.

Em 13 de maio, vários amigos meus foram comigo a um seminário na Universidade de Maryland, patrocinado pela Association for Research and Enlightenment (o grupo de Edgar Cayce) e apresentado por Rob Grant e Dannion Brinkley, ambos convidados. Minha mente tinha decidido que a previsão ia acontecer na comemoração do dia 21 de maio, não nesse seminário.

Rob Grant estava no pódio falando para uma grande platéia a respeito do livro que publicara pouco tempo antes, *Are We Listening to the Angels?* O próprio título, percebi depois, poderia ser uma interessante mensagem de Jackie. De repente, um balão prateado em formato de estrela surgiu aparentemente de lugar nenhum, saindo de uma abertura de uns trinta centímetros numa cortina nos fundos e flutuando entre Rob e uma parede do seu lado esquerdo. O mais interessante é que Jackie tivera um cavalo, que ela adorava, cujo nome era Estrela. E ela fora enterrada com uma mecha da crina de Estrela na mão direita.

O balão não voou nem para cima nem para baixo, mas atravessou a cortina, avançando uns dez metros em linha reta — no nível dos olhos — como se alguém o carregasse na mão. Quando chegou num determinado ponto, bem atrás de Rob, ele parou sobre uma jarra e um copo de água que estavam próximos à cortina. Depois se aproximou de Rob e passou raspando pela cabeça dele.

Rob se abaixou, parou de falar e então comentou:

— Bem, deve haver alguns anjos conosco hoje.

A platéia riu. O balão continuou flutuando em direção ao grupo e aterrissou num dos assentos vazios, junto a uma mulher, sentada no centro da platéia.

Eu depois soube que essa mulher é doutora em psicologia, talvez a única presente. Eu acabei conhecendo essa pessoa em circunstâncias extremamente inusitadas. Ela me disse que sabia que havia algo mais por trás daquela história do balão do que podíamos imaginar e tinha certeza de que um dia viria a descobrir toda a verdade. A pessoa ao lado dela deu um tapinha no balão e ele flutuou de volta para o palco, pairando sobre o copo d'água até o final do seminário.

Na sessão seguinte com Louise, Jackie perguntou-me se eu gostara do showzinho do balão. Eu disse que fora incrível, e perguntei como ela fizera aquilo. Ela me disse que tivera a ajuda de muitos espíritos. Numa das sessões com Louise, Jackie agradeceu-me por colocar flores amarelas em seu túmulo, uma hora antes. Eu sabia que Louise não sabia nada a respeito até que Jackie contara a ela na sessão. Essa foi a única vez em que visitei o túmulo de minha mulher.

Minha vida antes da "morte" de Jackie era interessante, mas depois disso ela ficou fascinante. Li mais de 250 livros sobre espiritualidade e experiências de quase-morte. Perguntei a Jackie, numa das muitas sessões que fiz com Louise, por que ela morrera no meu aniversário. Para me ajudar a dar uma reviravolta, disse-me ela, e começar a trilhar o caminho de Deus.

Jackie disse também que poderíamos trabalhar juntos com mais eficiência e ajudar as pessoas de fato, agora que ela estava do Outro Lado. Eu soube que morreria muito velho. Meu objetivo dali para frente seria servir a Deus e ajudar as pessoas.

Aprendi nesses três últimos anos que não existe nada além do amor ou da falta de amor, que é o medo. Estamos na Terra para amar, para ajudar as pessoas e para aprender por meio da experiência. Tirando isso, nada mais importa. Não tem nenhuma importância que tipo de roupa eu uso, que tipo de carro dirijo ou em que tipo de casa eu moro. Seria preciso escrever vários livros para descrever minhas experiências nesses três anos. Hoje sou capaz até mesmo de ver o espírito de Jackie e de conversar com ela. Costumo sair do meu corpo físico e me encontrar com ela em lugares belíssimos, onde ela me ensina lições maravilhosas.

Por meio de Louise, soube que já me suicidei em várias outras vidas e quase cometi esse mesmo erro nesta vida.

Don Little

PREPARAÇÃO PARA TORNAR-SE UM RECEPTOR

Todas as pessoas das histórias que você acabou de ler descobriram, muitas vezes para total surpresa delas, que estavam em contato com seus entes queridos. Elas tinham, de fato, "recebido" mensagens. Precisavam simplesmente reconhecer esses momentos de contato, para que pudessem ter certeza disso.

Você nasceu num mundo onde lhe ensinaram a desconfiar — e a ter medo — de qualquer informação que chegue até você, mas que não possa ser provada cientificamente ou constatada de uma forma física, por meio dos cinco sentidos. Se você não tiver uma estrutura ou sistema de crenças que lhe diga que é natural e importante para você receber informações por meio da intuição (de forma multissensorial) e que você é capaz de perceber além da realidade tridimensional (de forma multidimensional), então, é claro, você pode nem saber que essa informação existe, quanto mais acreditar nela.

Filmes, livros, os meios de comunicação e relatos de experiências pessoais estão trazendo a público novos conceitos a respeito de percepção e de realidade que desafiam as crenças tradicionais. Intuição e espiritualidade no ambiente de trabalho são temas cada vez mais freqüentes na mídia. Consultores estão treinando funcionários para tomar decisões com base na intuição, um passo à frente com relação às antigas forças-tarefa. Uma nova estrutura está se desenvolvendo. É assim que a consciência muda.

Ouvimos cada vez menos que eventos visivelmente sincronizados, bem ordenados e com um propósito definido são meras "coincidências"; que a comunicação com os entes queridos que já morreram — ou a telepatia entre encarnados — é coisa de pessoas esquisitas ou excêntricas; que fazer escolhas com base na intuição ou no pressentimento é uma irresponsabilidade ou que confiar na ligação íntima que se tem com um Poder Superior é arrogância ou presunção.

Muito em breve, as pessoas chegarão à conclusão de que viveram num vácuo espiritual ou numa espécie de "idade das trevas", assim como lembrarão que existiu um tempo em que se pensava que a Terra fosse plana.

Como você pode se preparar para tomar parte desse despertar dos dons intuitivos? No final de cada capítulo, incluí uma sessão cujo título é "Como tornar-se um Receptor". Ela ajudará você no seu processo. Existem duas coisas fundamentais que você precisa fazer se está mesmo disposto a receber informações intuitivas, seja antes de meditar, fixar uma antena para entrar em contato com seus entes queridos ou mesmo se preparar para dar uma consulta a alguém.

A primeira é começar com uma invocação. Invoque a Fonte e comunique suas intenções elevadas. Pode ser por meio de uma simples afirmação, o importante é que ela seja sincera. Um principiante que viva em Jerusalém proferirá uma oração. Eis aqui a invocação pessoal que eu mesma faço antes de cada consulta: *Mais uma vez, peço que eu seja uma mediadora cristalina de informações confiáveis e relevantes e que sirvam para o seu (de meu cliente) bem mais elevado, assim como para o meu mais elevado bem. Peço que a Luz nos envolva agora, nos dando energia, proteção e atraindo só coisas boas. Peço também que todas as informações estejam sob os olhos atentos de Deus e de acordo com os planos Dele para o seu eu maior, eterno.*

Só o ato de fazer essa invocação já faz com que eu me concentre mais. Você pode usar essa mesma invocação se quiser, pode modificá-la ou criar a sua própria.

A segunda coisa é cercar-se de Luz, para obter mais proteção. Você não vai querer ficar à mercê de qualquer coisa ou qualquer energia que esteja passando. A Luz eleva a sua freqüência — eleva sua voltagem, por assim dizer —, e ajuda a conduzir questões problemáticas para uma solução de nível mais elevado. Imagine uma Luz branca enevoada e brilhante vindo até você ou sinta-se encapsulado num cilindro de Luz, como o do transportador da série de TV *Jornada nas Estrelas*. E, finalmente, uma palavra sobre drogas, remédios e substâncias que afetam a mente. A série de experiências que eu apresento neste livro ocorreu devido às minhas capacidades intuitivas naturais e intrínsecas e as de cada um dos meus clientes, aliadas à ligação estreita que temos com um Poder Maior. Um ou dois alunos meus sentiram que sua capacidade de receber informações com clareza sofreu uma diminuição significativa depois que tomaram medicamentos como antidepressivos, embora isso não os tenha impedido de "sintonizar".

Nenhum dos meus alunos ou clientes constatou um aumento em sua capacidade depois de terem fumado maconha ou tomado substâncias alucinógenas. Eu prefiro que eles não façam isso. Um aluno — um jovem especialmente talentoso — relatou que passou a receber imagens e símbolos muito mais claros, durante nossas aulas, depois que parou de fumar maconha regularmente.

Durante uma breve estada na Jamaica, um "Rasta Virtuoso" — um rastafári verdadeiro, que de fato pratica a religião — disse-me:

— Existem aqueles que vêm a este mundo na Luz. Você é uma dessas pessoas. E existem aqueles que vêm nas trevas, assim como eu.

Ele fez perguntas acerca dos meus dons e acerca dos dele. Eu disse que ele tinha potencial para conduzir a si próprio — assim como outras pessoas — para a Luz, e também para se sustentar com o uso desses talentos criativos. Embora ele achasse que fumar "ganja" aumentava sua ligação com "JA" (a Fonte), eu senti que isso só impedia que ele entendesse bem as maneiras como "JA" estava tentando levá-lo a fazer escolhas melhores na vida.

Meu coordenador e anfitrião na Jamaica era um grande fã de um músico pop que morrera alguns anos antes. Eu recebi uma mensagem desse cantor, que tentava entrar em contato com a família. Ele queria que meu anfitrião soubesse que "havia fumaça demais!", querendo dizer que certos membros da família dele tinham fumado tanta ganja, que ele não conseguia entrar em contato com eles por meio de pensamentos ou de sonhos.

Mais recentemente, eu visitei uma reserva indígena na costa leste, onde existe a tradição de usar certas substâncias nas práticas religiosas. Também vi que as pessoas ali costumavam abusar do álcool e das drogas. Espíritos de sábios mestres apareceram o tempo todo naquela semana, durante as consultas. Um cliente estudou com um curandeiro cujo professor — agora um espírito — confirmou que estava trabalhando com meu cliente em outros planos da realidade, assim como o aluno dele — o professor do meu cliente — trabalhara com ele na dimensão física. Eu só confirmei o que meu aluno já sentira por meio de práticas religiosas e ensinamentos adquiridos em sua própria jornada espiritual.

Uma outra cliente, no entanto, recebeu, por meio de um conselho de anciãos — agora em espírito —, a notícia de que ela estava destinada a ser uma líder de seu povo, e um exemplo de pessoa que vive de forma consciente e bem-intencionada. Fazia parte do destino dela, caso isso estivesse de acordo com as escolhas que ela fizera de livre e espontânea vontade, fazer parte de uma comunidade que se formaria para preservar o que havia de melhor entre as velhas tradições de sua tribo e descartar as influências novas que em nada a beneficiavam. No futuro, eu vi o potencial para uma nova perspectiva (e uma comunidade já formada) que não apoiaria as crenças na separação ou nas fronteiras entre esse povo e o homem branco, nem entre ele e outras tribos. A diversidade cultural seria preservada. Mas ela foi alertada de que só poderia participar dessa visão para o futuro e trazer de volta a Luz, se não usasse drogas.

COMO TORNAR-SE UM RECEPTOR:
DEIXE DE LADO A DESCRENÇA E O CETICISMO

Sentir de forma intuitiva e multissensorial é diferente do modo como a maioria de nós aprendeu a interpretar as informações sensoriais no nosso mundo. Os céticos acabam por diminuir as próprias capacidades com suas tentativas contínuas de subestimar a intuição, tentando enquadrar fenômenos extrafísicos num sistema ou noutro, com o qual eles não estão relacionados. Tentar definir a percepção intuitiva em termos científicos é como tentar medir a velocidade de um impulso. Você pode livrar-se das dúvidas aborrecidas que retardam seu crescimento multissensorial deixando de tentar provar esse novo tipo de percepção por meio da mente racional. As informações que você receberá não são racionais —, mas elas existem.

EXPERIMENTE ISTO

Anote por escrito os medos que você pode ter ao pensar em se abrir para um novo tipo de percepção. Pense nas coisas de que você aprendeu a ter medo ou de que aprendeu a duvidar, quando era criança. Sua família costumava temer idéias novas ou diferentes? Pense em situações do passado em que você formou opiniões desfavoráveis a respeito de idéias que eram simplesmente diferentes do modo como pensava e, depois, mais familiarizado com elas, você passou a vê-las de outra forma. Você talvez também tenha feito uma idéia errada de pessoas que tinham crenças diferentes das suas ou cujos costumes pareciam estranhos. Alguma vez você mudou de idéia depois de conhecer melhor essas pessoas?

CAPÍTULO DOIS

MORTES REPENTINAS

*A*lguns dos meus clientes perderam entes queridos de forma bastante inesperada, dramática e, às vezes, violenta. No nosso primeiro encontro, eles em geral ainda estão chocados, zangados com Deus e, em alguns casos, pensando em acabar com a própria vida. Mesmo assim, a perda que sofreram, embora dolorosa, pode servir-lhes como um despertar. O desespero os leva a fazer algumas perguntas importantes sobre Deus — ou Poder Superior —, sobre a vida e a morte. E, com muita freqüência, eles se surpreendem ao receber respostas de uma Fonte que se mostra extremamente sensível às dúvidas deles.

Sinais inconfundíveis na forma de uma espantosa sincronicidade — o livro ou o mestre certos aparecendo de lugar nenhum — ou a sensação de que existe um plano, um quadro maior, fazem com que essas pessoas se sintam cada vez mais envolvidas, protegidas e guiadas pela "Fonte".

Isso não quer dizer que novas introvisões bastem para apagar a dor que estão sentindo. Eu só posso relatar a dor dos meus clientes a partir da que eu mesma senti — com a perda dos meus pais, amigos e parentes. Para mim, levou anos para que esse sentimento "avassalador" se transformasse numa reflexão mais tranqüila.

Eu não posso nem imaginar a dor que alguns de meus clientes sentem com a morte de um filho ou de um cônjuge que amavam. É por isso que eu me sinto tão privilegiada por ser capaz de transmitir mensagens de almas, agora na dimensão extrafísica, que me permitiram entrar em sua consciência para sentir o que elas mesmas sentiram ao deixar o corpo físico.

DESASTRE AÉREO

Este primeiro relato partiu da mãe de "Jay". Eu estava prestes a me dirigir a uma grande platéia num "cruzeiro de sonho". Eu esperava no pódio, enquanto as pessoas tomavam seus lugares. Apenas um quarto das cadeiras estavam ocupadas quando senti a presença de um espírito do meu lado direito. Senti que se tratava de um jovem que morrera num desastre de avião. Também senti a letra "J" em torno dele.

— Só um segundo — eu disse à alma de "J" telepaticamente. — Você terá de esperar um momento, até que todos estejam sentados.

De fato, ambos os pais de "J" sentaram-se bem à minha frente, na primeira fila. Quando todos os lugares estavam ocupados e todo mundo ficou quieto, fiz uma introdução breve ao meu trabalho e imediatamente falei para a platéia sobre o "visitante". O casal sentado diante de mim confirmou que o apelido do filho era Jay. Ele tinha morrido num acidente de avião em Everglades, na Flórida. Eu nunca vira o casal antes, e só soube da ligação que tinham com "J" quando eles levantaram a mão.

Contei que o rapaz parecia bem e que tinha uma aparência radiante e feliz.

— Finalmente encontrei minha MISSÃO — ele disse aos pais.

Segundo Susan, a mãe de Jay, ele sempre dizia que gostaria de saber qual era sua missão na vida.

— Parece que Jay sabe que a irmã está se encontrando com dois rapazes ao mesmo tempo — continuei. — Ele também sabe que ela colocou dois pierces nas orelhas.

Jay também mencionou um amigo cujo nome começava com a letra "M" — Matt, Mike ou Mark — e que ele sabia estar sofrendo muito por causa do acidente.

— Diga a ele que eu estou bem — pediu Jay, lembrando que os dois costumavam beber juntos e riam tanto que a bebida chegava a sair pelo nariz.

Então eu disse que Jay tinha ajudado uma outra alma a seguir para a Luz — um nome com duas letras no meio, assim como "Anna" — e que havia uma cor amarela ao redor deles antes de deixarem o corpo físico. Essa informação foi confirmada de uma forma muito interessante e inesperada, como me disse Susan depois. Eis a história.

Nós começamos uma busca que nunca imaginávamos um dia empreender. De bom grado, abriríamos mão dela e de todas as nossas posses se fosse possível trazer de volta nosso maravilhoso e amado filho. Ele morreu em 11 de maio de 1996, num acidente com um avião da linha aérea ValueJet. Tinha apenas 24 anos.

Em janeiro de 1998 eu e meu marido, Paul, fizemos um cruzeiro especial. Era a primeira vez que viajávamos daquela forma e o tema do cruzeiro era "Viagem Interior". Paul mostrava-se relutante porque não estava acostumado com a espiritualidade — não outra que não fosse a religião cristã tradicional. Na terceira noite do cruzeiro, ouvimos a apresentação feita por Louise Hauck.

Quando entramos no auditório, levei Paul até a primeira fila. Ele me perguntou por que eu queria sentar tão perto e fez um gracejo:

— Você quer fazer parte do espetáculo ou coisa assim?

Respondi que eu só queria poder ver e ouvir tudo muito bem. Desde a morte trágica de Jay, eu estava decidida a aprender o máximo possível sobre esse novo assunto.

Louise começou a falar, contando um pouco sobre ela e sobre como começara sua "carreira" de vidente. Assim que começou a se apresentar, ela mencionou que havia alguém ali, vindo do "Outro Lado", e que estava ansioso para se comunicar. Ela se dirigiu educadamente a essa pessoa e pediu-lhe para ter um pouquinho de paciência. Então continuou falando para a platéia, mas logo se virou e disse que a pessoa mal podia se conter diante da expectativa de se manifestar. Ela perguntou se havia alguém na sala que perdera o filho num acidente de avião.

Fomos os únicos que levantaram a mão. Ela então perguntou se a letra "J" fazia sentido para nós. O apelido do nosso filho era Jay. Louise contou que Jay se dizia muito orgulhoso de nós. Então ela perguntou se a letra "M" significava alguma coisa. Eu pensei no marido de minha filha e Paul pensou no amigo de Jay que era seu oficial e supervisor. Louise disse que "via" pessoas rindo depois de tomar alguma coisa e rindo tanto que o líqüido até lhes saía pelo nariz. Achamos aquilo um tanto bizarro, mas Jay tinha um senso de humor tão rápido e mordaz que muitas vezes pegava as pessoas de surpresa.

Ficamos ansiosos para desembarcar do navio na ilha de San Juan, em Porto Rico, e telefonar para nossa filha, perguntando se ela podia se lembrar de alguns dos incidentes que Louise descrevera. Nossa filha confirmou que a primeira situação que ela descrevera combinava com ambos os Michaels que nos ocorreram! Louise também dissera que esse "M" tinha tido sonhos ruins e gostaria de saber se estavam relacionados à morte de Jay no acidente aéreo. Nossa filha confirmou que era nosso genro quem estava tendo os pesadelos, embora, neles, ele próprio morria depois de passar por uma cirurgia delicada.

Ela confirmou tudo que Louise dissera, quando lhe telefonamos de San Juan. Também confessou que, antes do casamento, ela estivera saindo com dois homens ao mesmo tempo. E nós já sabíamos que ela tinha dois *pierces* nas orelhas.

Louise disse que ela vira um forte. Paul era um oficial da Força Aérea e ele tinha sido designado para um posto em Manhattan, Nova York. Quando Jay nasceu, morávamos em Fort Hamilton, no Brooklyn. Louise disse que viu muitas bandeiras e perguntou se Jay era militar, embora não tivesse dito que eram bandeiras norte-americanas. Presumimos que ela estivesse vendo as bandeiras americanas que sempre púnhamos no túmulo de Jay, no cemitério perto de casa. Mas também tínhamos recebido das unidades da Aeronáutica, cinco bandeiras americanas em tamanho natural, em honra e memória de Jay. Ele era um segundo-tenente muito patriota da Força Aérea dos Estados Unidos e estava ansioso para se tornar primeiro-tenente. Em 1º de julho de 1996, eles o promoveram postumamente.

Na sessão seguinte depois da do cruzeiro, Louise nos contou que, um pouco antes de cair no sono, naquela mesma noite, Jay tinha lhe agradecido por permitir que se comunicasse conosco. Louise disse também que não era comum que isso acontecesse. Meu marido e eu comentamos:

— Esse é bem o estilo de Jay. Ele era militar e também um cavalheiro. Sempre muito educado.

Louise ficou intrigada pelo fato de Jay não ter sentido medo na hora do acidente. Respondemos que devia ser porque ele pensara que o avião iria aterrissar. A aeronave tinha estabilizado a aproximadamente 400 pés, depois de dar um mergulho vertiginoso. Então o nariz embicou para baixo e o avião "desapareceu" nos pântanos de Everglades.

Louise perguntou se Jay conhecia os outros passageiros, pois ele mencionara alguém que conhecera no avião. Ela disse que a pessoa tinha letras duplas no nome, como Bill ou Ann.

— Não — respondemos. — Ele fez a curta viagem de duas noites para Miami sozinho, para apresentar um novo membro ao seu clube universitário. Mas ele queria chegar em casa a tempo de passar o Dia das Mães conosco. Se, pelo menos, ele não fosse TÃO AMÁVEL!

— Bem — continuou Louise. — Parece que Jay ajudou essa pessoa a seguir para a Luz!

Louise afirmou que Jay estava carregando algo embaixo do braço e perguntou se a cor amarela tinha algum significado especial. Nosso único palpite é de que poderia se tratar de um presente, embora soubéssemos que ele não teria tempo ou transporte para ir fazer compras no período em que ficou fora. Então Louise falou sobre cordas ou cabos e perguntou se sabíamos a que eles estavam relacionados.

Nossa única suposição era de que ela estava se referindo ao difícil e horrível resgate dos corpos e dos destroços do fundo do pântano, depois do acidente. Saímos da sessão com tantas perguntas que não foi possível responder a todas, mas imensamente gratos pelo fato de Jay estar "em contato" conosco. A falta que sentíamos dele era tamanha que não era possível expressá-la em palavras.

Em 17 de março de 1998, Paul e eu viajamos para Miami para participar de uma cerimônia em memória das cinco vítimas do acidente que eram associadas à Universidade de Miami. Jay se formara em maio de 1994. Duas outras mães e eu fizemos discursos na cerimônia, uma experiência comovente para todos que a assistiam. Depois da cerimônia, houve uma recepção na casa de um dos professores. Quando a recepção estava quase no fim, a mãe de uma das vítimas — uma garota de 19 anos — se aproximou de mim.

Ela me contou que, em outubro de 1997, tinha se encontrado com John Edward, um médium que residia em Nova York. A sessão se deu na casa dela, em Nova Orleans. O médium lhe disse que sua filha havia entrado em pânico quando o avião apresentou problemas.

— Jay a tomou pelo braço e a guiou para a Luz, fazendo com que ela deixasse de sentir medo — ele disse.

O nome dessa jovem era Ana. Esse foi o nome que Louise nos dissera, embora não tivesse as letras duplas.

Soubemos que Ana estava se encontrando com um dos alunos que participavam, como Jay, da associação de estudantes da universidade. Por isso ela tinha chegado no aeroporto mais cedo, no dia do vôo, assim como Jay. O vôo se atrasou porque o avião apresentara uma pane elétrica durante o vôo de Atlanta para Miami. Como não havia lugares marcados, os passageiros podiam se sentar onde quisessem.

Jay, tínhamos certeza, estava usando uma camisa amarela com o distintivo do grêmio estudantil da Universidade de Miami. Assim como Jay, Ana e o outro aluno da universidade, todos jovens extrovertidos, não demoraram para começar a conversar e sentaram-se juntos no avião. Talvez eles tivessem se aproximado uns dos outros devido à camiseta amarela da escola.

Numa das preces que fiz, depois do acidente, pedi para saber com quem Jay se sentara no avião. Eu queria poder me encontrar com a família da pessoa que Jay teria confortado ou que talvez o tivesse confortado. Então Louise comentou que meu filho tinha ajudado outra pessoa a seguir para a Luz. Senti que minha prece fora ouvida.

A mãe de Ana contou que, segundo John Edward, Jay tinha se levantado da poltrona e tentado abrir o compartimento do teto onde ficavam as máscaras de oxigênio. O médium sentiu que ele tinha tentado usar uma chave ou um objeto pontiagudo. Depois soubemos, pela transcrição da gravação das vozes na cabina de comando, que uma comissária de bordo tinha gritado: "Precisamos de oxigênio aqui atrás!" Mas as máscaras não se soltaram porque isso só acontecia se houvesse despressurização, não fumaça ou fogo. Numa aeronave comercial, não existe proteção contra fumaça ou fogo.

Também soubemos que a cor favorita de Ana era o amarelo. Ficamos curiosos para saber se isso tinha relação com o amarelo que Louise mencionara. A mãe de Ana parecia um pouco constrangida de falar sobre seu encontro com John Edward, mas ficamos tão agradecidos que ela acabou nos contando o que ele dissera. Tudo batia perfeitamente com o que Louise relatara. Somos muito gratos por Louise ter a coragem de dividir conosco seu dom e muito felizes por ter tido a oportunidade de nos encontrar com ela.

Não faz parte da ordem natural das coisas que um filho brilhante, gentil, afetuoso e dedicado morra dessa forma tão trágica e sem sentido. Nossa dor nos levou a empreender uma jornada espiritual em busca de qualquer certeza ou prova de que a vida continua depois da morte e de indícios de que haja um meio de comunicação. Empreendemos essa busca com disposição, a despeito de todo ceticismo ou crítica por parte daqueles que não optaram por trilhar esse caminho. Nossa fé nos dá a esperança de que um dia reencontraremos nosso maravilhoso filho.

Susan Smith

Algumas pessoas acham que a comunicação com os "falecidos" pode atrasá-los — impedir que sigam seu caminho — e até mesmo prendê-los aqui na Terra, em vez de permitir que a alma deles siga em frente em sua jornada. Descobri que muitas almas do Outro Lado permanecem num estado semelhante ao da crisálida em seu casulo, incapazes de progredir antes de ter a oportunidade de entrar em contato — se comunicar — com um ente querido. Essa comunicação de fato pode favorecer o crescimento tanto do ente querido que se foi quanto do que permaneceu na Terra.

Declarações de entes queridos falecidos, feitas em consultas, confirmam os efeitos positivos que advêm dessa comunicação. Eis a seguir dois exemplos:

Rose muitas vezes sentia, durante o sono, a presença do marido falecido. A sensação era tão real para ela que acordava pela manhã soluçando, ao constatar que ele já não estava ao lado dela na cama. Nas consultas, ele tentava confirmar a sensação da esposa de que ela estava freqüentemente com ele, que eles tinham feito muitas coisas juntos no plano astral. O marido relatou que ela se encontrava com ele à noite, em seu corpo astral (etérico, não-físico). Ele estava ansioso para que trabalhassem juntos futuramente em projetos que lhe permitissem transmitir informações. Ele ajudaria a "treiná-la" para ajudar outras pessoas a não temer a morte.

— Quando você superar a dor de ter perdido meu eu físico — disse ele —, então começará a conhecer meu eu eterno. Aí poderemos aguardar ansiosamente pelo momento em que trabalharemos juntos de ambos os lados!

Tina havia perdido o marido há três anos quando eu dei uma palestra numa livraria perto da casa dela. Ela soluçava tanto que, mesmo estando sentada numa das últimas filas, tive de falar mais alto para que os outros pudessem me ouvir. O dono da livraria passou-lhe gentilmente uma caixa de lenços de papel e, quando concluí minha apresentação, a caixa já estava quase vazia. Alguns dias depois, quando ela fez uma consulta particular comigo, seu marido — um vaqueiro na vida física — aconselhou-a com delicadeza:

— Você não precisa se prender à dor, nem se prender a mim!

BOMBA EM JERUSALÉM

Existe um tipo de apego aos entes queridos que não é benéfico nem para a alma que partiu nem para quem ficou. Talvez seja bom imaginar a cena de uma mulher beijando o filho ou o marido quando estes se preparam para ir para a escola ou para o trabalho, ou uma mãe dando um abraço de despedida no filho quando este vai passar uma noite fora ou quando o deixa em casa aos cuidados da babá.

Assim que eles atravessam a soleira da porta, a mãe — ou a criança — é engolfada pelo medo e puxa freneticamente o filho/marido/mãe. Aquele que fica está inconsolável e é incapaz de se desapegar do outro. Aquele que parte não consegue fazer isso livremente nem com alegria, pois sente-se preso pelo ente querido que o segura em desespero. É exatamente isso o que acontece quando perdemos um ente querido e mergulhamos num pesar que não tem mais fim. Novas aventuras não são vistas como novas chances, e a passagem do tempo de nada serve para favorecer o processo de cura. A vida fica estática. O único pensamento é o vazio deixado pelo ente querido que partiu.

Tenho feito consultas para inúmeros clientes que lutam para superar perdas devastadoras. Constatei que só alguns poucos prejudicaram a viagem de um ente querido, depois da morte, recusando-se a ver a própria dor como uma experiência enriquecedora e benéfica.

Na história a seguir, uma esposa angustiada receava que estivesse impedindo o marido de seguir para a Luz. Por semanas, ela mantivera-se ao lado da cama dele, implorando para que não a deixasse. Ele jazia em coma, com o corpo queimado e sem as duas pernas, amputadas depois da terrível explosão do ônibus no qual ele estava, em Jerusalém. Eu já lera sobre atentados terroristas como aquele, mas não sabia desse especificamente, que ocorrera alguns meses antes da minha chegada em Israel e não muito longe do local onde eu estava hospedada. Eu nunca vira essa cliente antes da nossa primeira consulta e também não estava a par das circunstâncias em que ocorrera a morte do marido. Eu nem mesmo sabia que ela perdera um ente querido.

Todas as vezes que Shoshanna consultou-se comigo, seu marido manifestou-se de modo excepcionalmente claro e veemente. Não sei ao certo por que algumas almas fazem "transmissões" com mais clareza e exuberância do que outras, mas posso presumir que isso dependa dos seguintes fatores: (a) o nível de progresso da alma em sua jornada, desde que deixou a dimensão física, (b) a receptividade do meu cliente com relação ao contato com o ente querido falecido e (c) a disposição — ou hesitação — de um deles ou de ambos para encarar de uma nova perspectiva o caminho que a vida traçou para os dois. Também pode ser apenas uma questão da desenvoltura que a alma tenha para encontrar a freqüência certa — sintonizando a estação correta — para transmitir.

Neste caso, tenho o palpite de que essa alma estava extremamente grata pela oportunidade de transmitir sua mensagem e dessa forma prestar alguma ajuda. Ela tinha potencial para contribuir com esta dimensão. Parecia-lhe uma verdadeira honra poder agir desse modo depois de ter feito tão pouco enquanto ocupava o corpo que lhe fora tirado de forma tão violenta e inesperada.

O ACIDENTE

Como de costume, meu marido levantou da cama, fez suas preces e preparou-se para o trabalho, enquanto eu aproveitava mais uma horinha de sono. Um pouco antes de ir embora, ele se aproximou do meu lado da cama e me beijou no rosto, dizendo:

— Amo você.

Fingindo dormir, eu não respondi, pois nossa relação estava estremecida na época. Achei muito estranha essa atitude dele, principalmente porque havia semanas que mal nos falávamos.

Quando ouvi a porta da frente se fechando, saí da cama e comecei a me preparar para o trabalho. Também acordei meu filho David para ir à escola. Eram 6:45 da manhã. Como sempre, liguei a TV e comecei a assistir ao noticiário Boker Tov Israel (Bom Dia, Israel), enquanto bebericava uma xícara de café. Depois de ouvir as notícias e a previsão do tempo, fui me vestir.

Como David estava atrasado essa manhã, aproveitei para tomar outra xícara de café e assistir ao noticiário por mais alguns minutos. Assim que meu filho ficou pronto, um novo boletim apareceu na tela. Eram sete horas. Noticiaram que uma bomba explodira num ônibus em Jerusalém, em torna das 6:40.

Como não entendo muito bem a língua hebraica, pedi a David para ficar mais um pouco para ouvir a notícia e a traduzir para mim. Soube então que o atentado terrorista tinha acontecido na Jaffa Road, perto da estação de ônibus. David achava que se tratava do ônibus número 36, mas não tinha certeza.

Foi então que, como de hábito, liguei para meu marido no trabalho para ter certeza de que ele chegara bem. Disseram-me que ele ainda não aparecera. Às 7:50, mandei David para a escola e continuei em frente à TV, em busca de mais notícias. Às 8:00 horas, liguei mais uma vez para o escritório do meu marido. Disseram-me que ele ainda não chegara, mas que não era para eu me preocupar. Havia muitos engarrafamentos na cidade em decorrência da bomba. Eu comecei a tremer por dentro.

Então telefonei para meu filho Joseph, que morava em Tel Aviv, e contei-lhe a respeito da bomba. Também mencionei que não conseguia encontrar seu pai. Ele me disse que faria algumas ligações e me ligaria de volta. Enquanto esperava, ouvi o repórter anunciando na TV que o ônibus bombardeado era de número 18. Em seguida, transmitiram imagens da cena do desastre. Meu coração acelerou e mais uma vez liguei para o escritório do meu marido. Ele ainda não estava lá. Imediatamente liguei para o meu trabalho.

Eu trabalho no Hadassah Hospital, no departamento de cardiologia. Perguntei para a secretária que falava hebraico se se tratava mesmo do ônibus número 18. Ela confirmou, um pouco hesitante. Ela conhecia meu marido. Então eu perguntei se ela pediria a um dos médicos para descer à sala de emergência e procurar por ele.

— Como você sabe que ele foi trabalhar de ônibus, em vez de pegar o carro? — perguntou-me ela.

— Apenas pressenti — disse eu.

— Pedi a um dos médicos para descer e dar uma olhada. Ligo para você de volta — ela disse, certa de que eu me preocupava à toa.

Enquanto isso, Joseph me ligou, dizendo que ligara para o número de emergência dado aos parentes das vítimas.

— O nome do papai não está na lista — informou.

Uma amiga íntima me ligou para saber se eu falara com meu marido. Ela ouvira sobre o atentado no ônibus número 18. Eu disse a ela que ele ainda não chegara no trabalho.

— Ligo para você depois — ela me respondeu.

Em torno das 8:30 da manhã, recebi um chamado do meu trabalho. Um dos médicos fora até o pronto-socorro e realmente encontrara meu marido. Respondi que estaria lá o mais rápido possível. Então telefonei para Joseph, avisando. Ele me encontraria no hospital logo mais.

Liguei para minha filha, que trabalhava na unidade de queimados do Hadassah Hospital. Meu genro avisou que ela ainda não chegara do plantão. Ele já falara com meu filho Joseph. Minha filha estava a par da situação. Combinamos de nos encontrar no hospital tão logo fosse possível e deixar David na escola até termos mais notícias.

Então eu telefonei para uma das minhas amigas mais queridas e ela combinou de me encontrar no Hadassah. Poucos minutos depois, bateram na porta. Era o marido dela. Disse a ele que Ira estava no ônibus que sofrera o atentado. Ele sabia, pois a mulher o avisara por telefone. Ele levou-me ao hospital, onde minha amiga já nos esperava ansiosamente.

Liguei do primeiro andar para o meu escritório e perguntei onde eu poderia encontrar meu marido. Meu chefe disse que desceria e me levaria até ele. A sensação era de que eu me movia em câmara lenta e tudo ao meu redor se movia a passo de tartaruga.

Meu chefe chegou e comunicou-me que meu marido fora gravemente ferido. Na opinião dele, era melhor que eu não o visse ainda. Mas eu insisti e ele concordou em me levar à ala da traumatologia. O professor Gotsman, meu chefe, e o dr. Lotan, o médico que pertencia ao meu departamento, saíram à procura do meu marido. Quando acharam a sala em que ele estava, levaram-me até lá.

Ali estava meu marido, cercado de enfermeiras, médicos e aparelhos — todos trabalhando para mantê-lo vivo.

— Tem certeza de que quer ver como ele está? — perguntou-me dr. Lotan.

Sem hesitar, respondi que sim.

As pernas e os braços dele estavam enfaixados. Seu corpo e seu rosto estavam muito inchados e um olho, roxo. Eu sabia que ele estava à beira da morte. Os médicos que o tratavam me disseram que, se ele se mantivesse vivo nas 24 horas seguintes, talvez tivesse uma chance.

Seus pulmões tinham sido afetados pela explosão e ele estava ligado ao respirador. Para aliviar a dor, os médicos o haviam anestesiado. A única parte do corpo dele que ainda funcionava era a bexiga. Eles disseram que esse era um bom sinal.

Quando David chegou, coloquei-o a par da situação. Confortamos um ao outro. Parentes e amigos fizeram uma vigília na sala de espera, rezando, torcendo e contando histórias dos velhos tempos. As horas prolongaram-se até transformarem-se em dias.

Sempre que estava ao lado da cama de Ira, eu o encorajava a agüentar firme, a ser forte, não deixando que aquela coisa terrível o matasse. Nós precisávamos dele. Eu o ajudaria a se recuperar e ficaria ao seu lado o tempo todo. Os dias tornaram-se semanas. Havia dias em que ele estava bem (sem mudanças em seu estado geral) e dias em que estava pior (surgiam outros obstáculos a superar).

Meu marido passou por duas operações de emergência; a primeira para abrir o abdômen a fim de reduzir o inchaço e a segunda para fazer um enxerto de pele nas pernas. Isso ajudaria a debelar as infecções. Quando seu estado se estabilizou, os médicos pararam a anestesia e ministraram apenas morfina intravenosa. Queriam saber se ele reagiria. Com exceção de algumas caretas enquanto era barbeado, ele não apresentou reação nenhuma.

Sete semanas se passaram e eu vi seu estado se deteriorar. Os médicos queriam amputar as pernas dele, pois elas eram a principal fonte da infecção e impediam que o corpo reagisse. Os antibióticos já não surtiam nenhum efeito.

Eu não sabia o que fazer. Consultei meus filhos e eles concordaram com a cirurgia. Durante as três horas de operação, meus filhos, meus amigos e eu permanecemos sentados, rezando. Eu queria acreditar que ele se recuperaria, mas algo me dizia o contrário. Ele sobreviveu à cirurgia, mas quando me deixaram vê-lo senti que aquele era o fim.

Afastei-me para deixar que as enfermeiras trabalhassem. Então eu disse a ele:

— Ira, você lutou o quanto pôde. Mas eu sinto que chegou o fim. Compreendo que você tenha de ir agora.

Ele faleceu antes do dia amanhecer.

Na religião judaica, alguns números têm um significado especial. Não sou muito versada no assunto, mas disseram-me que, de acordo com os números, meu marido recebera as maiores honras de D-s, por ter morrido na sétima semana, no quadragésimo nono dia depois do atentado. Segundo eles, isso se comparava à honra que teve o povo judeu ao receber a Torah.

A CONSULTA

Marquei uma consulta com Louise. Eu esperava a data ansiosamente, cheia de expectativa, mas ao mesmo tempo com um pouco de reserva. Estava determinada a não falar muito, apenas ouvir e torcer para que a experiência fizesse algum sentido.

A consulta começou com as mensagens de membros da família que tinham falecido em outros tempos, mas de repente "Bill" entrou em cena, acenando com os braços. Lembro-me de que primeiro fiquei curiosa para saber se poderia ser meu marido, cujo segundo nome era William. Lentamente as coisas foram se encaixando e percebi que, de fato, tratava-se do meu falecido marido.

Tentar descrever como eu me senti no momento em que o reconheci é uma tarefa difícil. Eu tinha tantas perguntas, tantas coisas a dizer, mas ele estava se comunicando e tudo o que eu podia fazer era ficar ali e ouvir. Fiquei grata por estar gravando a sessão, pois pude ouvi-la muitas outras vezes nas semanas seguintes. Era tudo tão claro para mim. Ele tinha se comunicado a partir do Outro Lado. Não tive dúvida de que era mesmo ele.

Shoshanna Weinstein

O trecho a seguir é a transcrição do diálogo que ocorreu na primeira consulta com Shoshanna, em Jerusalém, em 1997. Em virtude dos incríveis detalhes dessa consulta, optei por relatá-la com mais pormenores. "Bill" apareceu à minha direita, e assim formamos um trio. Eu me sentei de frente para Shoshanna:

Louise: Há alguém aqui que você conheceu como um homem cujo nome era "Bill".

Shoshanna: Sim, deve ser meu marido, pois Bill era seu nome do meio.

L: Ele está tão feliz que agita os braços para mostrar o quanto está livre sem seu corpo. Seu marido está me mostrando algo sobre um ônibus e uma explosão.

·S: É, ele estava no ônibus em que explodiu uma bomba este ano, aqui em Jerusalém.

L: Ele está falando sobre o fim. Ele sabe o quanto você está arrependida.

S: Minha preocupação é que eu possa ter dificultado sua ida para a Luz de tanto implorar para que ele não me deixasse nem deixasse nossos três filhos. Ele estava na ala de traumatologia. Eu sabia que ele sentia muita dor, mas não conseguia suportar a idéia de perdê-lo.

L: Seu marido está dizendo que ele ouviu cada palavra, mesmo quando estava em coma. Ele diz que você não o prendeu. Muito pelo contrário. Ele demorou mais para morrer, a fim de resolver algumas questões com você. Isso foi feito naqueles últimos dias, mesmo quando você achava que o estava impedindo de seguir o seu caminho.

S: Eu me senti tão culpada de que...

L: Agora ele está dizendo que gostaria de se desculpar por algo... algumas dúvidas quanto à fidelidade dele? Havia alguma coisa assim?

S: Havia! Por um bom tempo suspeitei de que ele estivesse tendo um caso com minha melhor amiga. Essas suspeitas acabaram com a nossa amizade. Mas ela continua negando que tivesse alguma intimidade com ele.

L: Bill sente muito por ter causado tanto problema e levantado essa suspeita. Ele flertava com sua amiga, mas nunca teve nenhuma intimidade com ela. Ele admite que muitas vezes martirizava você sendo vago a respeito de assuntos importantes. Ele não está orgulhoso da habilidade que tem para manipular as pessoas desse jeito. Pede que você o perdoe.

S: É verdade. Ele de fato me deixava louca. Não dá nem para descrever o quanto ele podia ser irritante. Estou tão aliviada em saber. É claro que o perdôo.

L: Ele quer que os filhos de vocês saibam que ele está olhando por eles: O filho que joga futebol, a filha que sofre de esclerose múltipla, o garoto com um "J" — agora Bill está me mostrando um recipiente com pentes ou escovas azuis.

S: Deve ser meu filho Joe. Ele é cabeleireiro. Abriu recentemente um salão. Disse-me que estava pensando no pai semana passada, perto da hora de abrir o salão, desejando que ele soubesse do seu sucesso. Acho que os pentes e as escovas dele são de fato azuis.

L: Bill quer que Joe saiba que ele estava ali. E está muito orgulhoso dele.

Eu disse a Shoshanna que, nas ocasiões em que ela de repente pensava em Bill — inesperadamente, sem que esse pensamento tivesse nenhuma conexão com sua linha de raciocínio —, isso muitas vezes acontecia porque ele estava momentaneamente em contato com a freqüência dela. Ele lhe fazia uma "visita". E, outras vezes, quando ela pensava nele, isso acabava por atraí-lo. Às vezes é difícil saber de quem partiu o pensamento que estabeleceu a ligação.

Contei a Shoshanna sobre a ocasião em que eu falava para uma grande platéia acerca de como nossos entes queridos entram em contato conosco. Como se fossem energia pura, oscilando numa determinada freqüência — e sem corpo —, eles entram (ou transmitem) na freqüência que os liga conosco instantaneamente. Poderíamos dizer: "Um pensamento é tudo que os separa de nós." Uma mulher parecendo extremamente perturbada, levantou a mão e perguntou: "Então eles vêem tudo o que estamos fazendo? Mesmo quando estamos no banheiro?"

Eu disse a ela que não era diferente das ocasiões em que estamos fazendo algo dentro de casa e de repente pensamos num amigo, que logo em seguida nos telefona. Nós então conversamos e descobrimos que estávamos "sintonizados" um com o outro. Não faz diferença se entramos em contato com um amigo, que está fora ou dentro do corpo!

Shoshanna se consultou mais uma vez comigo em Jerusalém, um ano depois. Novamente, Bill foi muito claro. E desta vez ele transmitiu três mensagens.

Primeiro, Bill deixou que eu entrasse em sua consciência para saber, além da nossa percepção do tempo, o que ele tinha sentido antes da morte do seu corpo. Eu geralmente fico feliz em poder fazer isso. Na maioria das vezes, vejo que a alma é ejetada do corpo antes do impacto, tanto nas mortes súbitas como em desastres aéreos ou automobilísticos e antes ou no momento da penetração de balas ou lâminas, no caso de assassinatos. (Esses foram casos especiais, pois prefiro não me ligar a freqüências relacionadas com atos violentos.) Eu realmente adoro poder dar evidências de que a alma nunca morre e que, em muitos casos, o sofrimento é mínimo.

L: Bill está dizendo que, no momento da explosão do ônibus, ele deixou o corpo. Achou que estava assistindo ao noticiário das cinco! Então percebeu que era o corpo dele que estava estirado no meio da rua!

Eu não sabia ao certo como comunicar a segunda mensagem de Bill. Ela tinha algo a ver com partes do corpo. À princípio, presumi que ele estivesse se referindo ao acidente.

L: Agora Bill está dizendo: "Enquanto vocês se preocupavam com partes do meu corpo, eu tentava dizer que estava bem!"

Na maioria das vezes, quando eu transmito mensagens, não tenho sequer idéia do significado delas. Eu simplesmente transmito o que recebo. Com toda certeza, Shoshanna sabia exatamente a que Bill estava se referindo.

S: Ah, claro! No judaísmo, é proibido cremar um corpo que não esteja inteiro. Eu tive que pedir ao meu genro para ir ao hospital e recuperar as pernas do meu marido para poder fazer a cremação. Foi horrível!

E, por fim, Bill mandou uma adorável lembrança, mostrando que a bondade, o amor e as lembranças nunca se perdem:

L: Agora Bill está me mostrando uma cena de pessoas no saguão de um hotel.
S: Ah, claro! Essa era uma das coisas que mais gostávamos de fazer. Fingíamos que estávamos hospedados no hotel, sentávamos no saguão e observávamos as pessoas!
L: Ele não se esqueceu. A lembrança ainda está guardada.

SALTO PARA A MORTE

Edith sofreu um colapso nervoso por ocasião da morte de sua amada filha Stephanie. Menos de seis meses depois, ela marcou uma consulta particular depois de assistir à minha palestra no Learning Exchange de Sacramento. Depois da consulta, eu soube que o acidente tinha saído nos jornais, mas, como eu residia em Nova York na época, não fiquei sabendo.

Stephanie morreu em decorrência de uma queda de três mil metros de altura, enquanto praticava skydiving. Ela marcara a aventura no dia do aniversário do namorado e essa seria a primeira vez que seu grupo de amigos praticaria esse tipo de salto. Eles saltariam um atrás do outro, junto com um skydiver experiente, a quem estariam presos por um cabo. Quando estava prestes a pular do avião, Stephanie virou-se para a amiga que estava atrás dela, fez sinal de positivo com o polegar e mexeu os lábios como quem diz: "Eu te amo".

O encarregado de investigar a morte de Stephanie descobriu que o parceiro dela no salto, um instrutor de 28 anos, tinha vestígios de maconha no corpo e um nível de 0,04 % de álcool no sangue. Embora fosse um profissional gabaritado, com uma experiência de mais de dois mil saltos, a Federal Aviation Agency relatou que ele não chegou nem mesmo a puxar o cordão para abrir o pára-quedas principal.

Eu senti que Stephanie — em seu corpo etérico — saltara numa pirueta, para fora do corpo físico, um pouco depois de saltar do avião e antes mesmo de percorrer metade da distância até o chão. Houve um breve sentimento de frustração, com a sensação de cordas enroladas em suas pernas. Era como se ela tivesse sido "puxada" para fora do corpo físico. Por um momento ela flutuou em torno do corpo — percebeu que não estava mais dentro dele — e então foi atraída para a Luz.

Em depressão profunda, Edith ansiava por um sonho que lhe provasse que ela e a filha ainda estavam ligadas. No entanto, nada aconteceu. Nossa sessão confirmou que a filha tinha estado em contato com a mãe desde o acidente, mas do seu próprio jeito.

A confirmação inicial de Stephanie veio em forma de nomes de pessoas amigas. Ela mencionou um nome começando com a letra "S" e então projetou uma cena de alguém desenhando figuras na areia. Então apareceu o nome "Rosa".

— Essa é a amiga com quem ela viajou recentemente para a África do Sul — disse Edith. A garota depois confirmou que, nessa viagem, ela tinha desenhando figuras na areia. Essa mesma amiga também mencionou que tinha ido de carro para Santa Rosa um dia, um pouco depois da morte da amiga. Ela sentiu Stephanie acariciar sua mão. Nesse momento, sentiu que a amiga estava com ela. Na consulta, Stephanie estava simplesmente confirmando que fizera uma pequena visita.

Então Stephanie transmitiu-me as iniciais do namorado.

— Ela está dizendo que esse jovem irá procurar você, em busca de orientação. Ele compreenderá certas coisas por seu intermédio.

Jovem extremamente compassiva em vida, Stephanie continuava a se preocupar com as pessoas.

— Esse jovem é capaz de perceber as coisas de forma extrafísica — acrescentei, encorajando Edith a dizer a ele que podia confiar no que sentia. Posteriormente, ele confessou a Edith que estivera em contato com Stephanie por duas vezes.

Depois eu tentei decifrar a imagem que recebi em seguida — a de um bolo.

— Assei um bolo — explicou Edith — porque me veio uma forte sensação um dia, bem do fundo do meu coração, de que Stephanie queria que eu fizesse aquele bolo para suas colegas enfermeiras, com quem ela trabalhava numa clínica. Eu simplesmente sabia!

Quando a mãe disse isso, Stephanie fez com o polegar seu famoso sinal de positivo. Daí, continuou transmitindo outras cenas, incluindo uma com a imagem de penas, relacionada com um cartão de agradecimento que Edith receberia poucos dias depois.

Para que a mãe percebesse que suas mensagens viriam de muitas formas diferentes, Stephanie me deu alguns poucos exemplos: Ela mostrou-me uma lagarta. Edith mencionara, num bilhete para mim, que, na noite da nossa sessão, uma lagarta rastejara defronte à lareira de sua casa. Mais tarde, três amigos de Stephanie e o pai dela estavam na garagem quando, de repente, outra lagarta apareceu e rastejou pelo chão na frente deles. Ao mesmo tempo em que alertava a mãe a respeito desse tipo de "comunicação", Stephanie também a avisava de que ela ficaria louca se tentasse encontrar sinais aonde quer que fosse!

Stephanie adorava música, principalmente "Angel", de Sarah McLachlan. Por vários meses, sempre que Edith entrava no carro e dava a partida, essa era a primeira música que tocava no rádio, sem uma única exceção.

Edith e o marido passaram a ir a encontros de pais que lutavam para superar a perda de um filho. Por um tempo considerável, Edith sentiu uma profunda tristeza — e um pouco de inveja — quando ouvia os participantes do grupo contarem sobre sonhos e encontros espirituais com os filhos por quem choravam. Eu disse a ela que a comunicação viria de formas simples e inesperadas. Ela só tinha de se manter receptiva ao fato de que essa comunicação ocorreria à sua própria moda — à moda de Stephanie. Agora ela já não espera mais pelo "grande sonho". Em vez disso, tem o ânimo recobrado e se sente grata pelos pequenos sinais que a lembram de que a filha não está tão longe assim dela. É em seu coração que ela encontra essa confirmação.

COMO TORNAR-SE UM RECEPTOR:
DEIXE DE LADO AS EXPECTATIVAS ACERCA DE
COMO VOCÊ RECEBERÁ AS MENSAGENS

Nessas histórias em que os clientes perderam entes queridos de formas inesperadas e extremamente dramáticas, todos eles tiveram que esquecer o modo como achavam que iriam entrar em contato com o membro da família falecido. Apesar da dor que sentiam, eles não excluíram a possibilidade de receber alguma forma de comunicação. Todos tiveram as provas pelas quais pediram em prece, confirmando o fato de que seu coração continuava em contato com o do ente querido e a comunicação entre eles era possível. Foi a disposição para receber essas orientações de formas inusitadas que permitiu que recebessem respostas de seus entes queridos.

EXPERIMENTE ISTO

Reporte-se à época em que você perdeu um ente querido e ansiava por algum tipo de confirmação de que ele estava por perto. Faça uma lista das maneiras pelas quais você achava que iria obter essa evidência. Você talvez tenha esperado por um tipo específico de sinal, que lhe daria uma prova inegável. Suas expectativas foram influenciadas pelas histórias de outras pessoas? Você esperava obter essa prova de uma forma bem literal, que satisfizesse sua mente racional?

Se você de fato recebeu uma resposta — ou o que pensou ser uma resposta —, de que maneira ela diferiu da que você esperava? Procure saber se a prova que recebeu foi muito mais sutil ou se foi transmitida por meio de símbolos ou imagens. Suas respostas procedem de uma dimensão — e de uma Fonte — que é muito mais engenhosa e criativa do que sua mente racional jamais conseguirá ser!

CAPÍTULO TRÊS

REENCARNAÇÃO: A ESCOLHA DOS PAIS

*A*ssim como muitas pessoas de perspectiva metafísica, espiritual, eu sempre aceitei a idéia de que somos nós que escolhemos nossos pais. Sempre senti que a minha vida seguia um plano intencional que começou antes mesmo do meu nascimento. Para mim, era apenas isso — um sentimento —, mas ele foi confirmado na primeira vez em que uma alma vinda do Outro Lado mostrou-me que ela estava prestes a ser concebida por uma mulher — minha cliente, sentada à minha frente — e disse-me por que ela a havia escolhido.

A alma que adejava em torno da minha cliente, em antecipação à sua iminente "reencarnação", disse a ela:

— Eu vi que você acabou de colocar meu berço encostado à parede azul, ao lado da janela. Isso é bom. Vou gostar da luz.

Então acrescentou:

— E muito em breve, depois do meu nascimento, quando você me vir sorrindo, por favor não pense que são "gases". Eu de fato estarei sorrindo para você.

Esse futuro filho também contou que procurou pelas influências certas nos pais que escolheu. Essas influências exerceriam um efeito catalítico que favoreceria o crescimento da alma dele.

Seu futuro pai, por exemplo, tendia a ser um viciado em trabalho, cuja maior preocupação era ter êxito no mundo dos negócios. Essa natureza ambiciosa era muito semelhante à que essa alma também teve — em outra vida — e que não permitiu que ela ganhasse profundidade ou que seu coração se abrisse para a família ou para projetos criativos. Essa tendência — evidente no pai que ela teria nesta vida — serviria como uma tela de fundo, um lembrete de um novo ponto de vista que ela deveria adotar nesta vida.

Quando eu explico aos meus clientes esse conceito — o de que escolhemos nossos pais antes de nascer —, eles geralmente respondem:

— Então por que eu escolhi justamente *esses*?

Nós não voltamos para esta dimensão para passar férias. Viemos nos expandir com todos os desafios que a vida nos apresenta. E viemos com a esperança de que deixaremos o sofrimento nos levar a compreender melhor a nossa natureza — quem somos e o que significa viver.

O magnetismo que atrai nosso espírito de volta a esta dimensão pode resultar da necessidade de crescimento, expansão ou resolução. Nosso espírito pode ser puxado de volta pela necessidade de compensar antigas escolhas que exerceram um efeito negativo sobre a nossa jornada ou pela necessidade de pôr em prática talentos que ajudarão de alguma forma este mundo. Algumas pessoas trouxeram novas tecnologias, uma criatividade inspiradora e esclarecimento espiritual — todas essas foram contribuições muito bem-vindas nesta dimensão. É em geral a combinação de todos esses propósitos anímicos variados que configuram nosso plano de vida e influenciam as condições da nossa reencarnação na dimensão física.

Essa necessidade que a alma tem de evoluir está relacionada a uma pergunta óbvia: Por que uma alma — uma criança — teria de ser submetida a condições ou circunstâncias tão terríveis quanto a fome, maus-tratos e até assassinato? É tolice tentar entender por que uma alma — uma criança — "escolhe" passar por circunstâncias tão abomináveis como essas. De acordo com a nossa interpretação do que é bom ou ruim na vida, e com a nossa visão tradicional e limitada, essa escolha não parece fazer sentido. Por que um Deus amoroso — a Fonte, um Poder Superior — sujeitaria uma das suas preciosas criações a uma dor excruciante ou a uma morte prematura?

Preparando-se para uma vida de crescimento, muito mais do que para um mero período de descanso e reflexão, a alma procura condições que lhe lancem desafios e que tenham o potencial necessário para que ela evolua mais rápido e além de qualquer experiência de vida por que passou anteriormente. Por exemplo, quando uma pessoa sacrifica sua vida para salvar outra, isso é motivo de grande celebração do Outro Lado, depois que a alma "volta para casa". Trata-se de uma demonstração de fé que desfaz a ilusão da morte e representa a verdade da vida eterna.

Viver uma vida num corpo defeituoso ou mutilado, transcendendo corajosamente a dor e as limitações físicas para descobrir talentos e forças interiores, é algo que pode levar a alma a um entendimento maior. Essa pessoa em geral torna-se um grande professor pelo exemplo que dá aos outros.

E, algumas vezes, pelas mais variadas razões, a alma pode se apresentar como voluntária para "cumprir uma missão breve" e ter uma morte prematura. Em alguns casos, a pessoa que morre causa um despertar naquelas que ficam, fazendo brotar dentro delas perguntas sobre a vida — e a morte — que pode lhes transformar a consciência. De uma perspectiva limitada, morrer cedo pode ser considerado algo ruim. De um ponto de vista mais amplo, essa alma tem a chance de voltar para casa, certa de que foi capaz de realizar o que veio fazer aqui.

Existem, enfim, os casos em que estão em jogo configurações kármicas específicas — ou acordos feitos pela alma —, nos quais ela experimenta os dois lados de uma mesma situação. Seria o caso, por exemplo, do assassino que precisa, em outra vida, representar o papel da pessoa assassinada; do feitor que precisa passar para a condição de escravo ou do agressor que tem de se tornar a vítima. Eu acredito, no entanto, que todos nós temos chance de saltar fora da "esteira rolante kármica" se começarmos a observar a partir da perspectiva da alma, aprendendo e crescendo com nossas introvisões, em vez de ser obrigados a encenar um drama kármico de causa e efeito. Essas introvisões causam transformações e delas advêm muitas dádivas.

Nas consultas, quando eu identifico almas que estão se preparando para voltar à Terra, que parecem estar "na fila" depois de selecionar seus pais futuros, tenho a impressão de que elas se posicionam acima e à direita da cabeça do meu cliente. Essas almas geralmente mencionam se tiveram, numa vida anterior, uma ligação amorosa, proveitosa ou desafiadora com meu cliente. E esclarecem quando isso aconteceu. Também costumam comunicar o que pretendem realizar em sua nova vida. Elas muitas vezes contrapõem essas imagens otimistas com lembranças de tudo que não conseguiram realizar em suas vidas anteriores.

Ocasionalmente, essas almas me mostram objetos que provavelmente voltarão com eles — através do espaço e do tempo —, na jornada que estão por fazer. Especificam incidentes que, da forma como acontecerão, será impossível considerá-los meras "coincidências". Quando acrescentam informações como essas, isso sempre me faz lembrar de documentários que mostram a tradição que algumas culturas têm de mandar autoridades religiosas investigar a suspeita da reencarnação de um lama, no Tibete, ou de um guru, na Índia. Eles fazem testes para ver se a criança pode identificar certos objetos que pertenceram à alma do seu amado líder, quando encarnado. Existem filmes que mostram o Dalai Lama, aos três ou quatro anos de idade, escolhendo objetos entre uma grande variedade deles — jóias, fotos, livros, utensílios de cozinha — e voltando-se sem hesitar para um em particular, gritando: "Este é meu!" Os filmes também mostram o Dalai Lama olhando para uma foto num livro e dizendo: "Este sou eu!"

LEMBRANÇAS INFANTIS

Nas consultas, testemunho a cada dia um número maior de almas que afirmam estar prestes a voltar à Terra, mas que não precisam mais se esquecer das experiências de vidas passadas, assim como acontece com a maioria de nós. Elas dizem isso apontando para sua cabeça etérica (em oposição à cabeça física). Eu costumo contar a história de uma mulher que, depois de ter passado por uma histerectomia, acabou adotando duas crianças. Quando a mais jovem, uma menininha, tinha dois anos de idade, ela se voltou para a mãe adotiva e exclamou:

— Eu tentei vir através de você, mas não havia espaço! Então escolhi uma mamãe que saberia como encontrar você!

Fiz uma consulta para uma senhora de Miami que me contou que, na época em que sua neta tinha três anos de idade, ela olhou no espelho e disse, abismada:

— Ai, meu Deus! Eu sou um NENÊ!

Foi como se o seu eu eterno estivesse observando de fora seu novo corpo, surpreso ao descobrir que seu espírito atemporal estava agora encapsulado num corpo cronologicamente mais jovem.

Um outro exemplo saído "da boca de uma criança" desvendou um mistério de família. Carol é uma cliente e amiga minha, cuja mãe sofrera de um caso grave de alcoolismo. Todos acreditavam que sua mãe tivesse se suicidado, pois suspeitava-se que ela tomara barbitúricos antes de pular dentro de um lago. Carol, no entanto, nunca acreditou que isso fosse verdade.

Poucos anos depois da morte da mãe, nasceu o primeiro bebê da filha de Carol. Quando ele tinha em torno de quatro anos, Carol viajou de carro na companhia da filha e desse netinho. Carol contava fatos a respeito da própria mãe, enquanto a filha ouvia atentamente, sentada no banco do passageiro. De repente o neto de Carol, no banco de trás, interrompeu a conversa, perguntando:

— Vovó, você está falando da sua mãe?

— Estou — ela respondeu.

— Ela não se matou! — exclamou o menino.

— Como assim? — perguntou Carol, atônita.

— Ela se enroscou nas algas! — esclareceu a criança, com ênfase.

— Como você sabe? — indagou Carol, mal conseguindo acreditar no que ouvia.

— Porque ela me contou antes de eu nascer.

Então o neto de Carol voltou calmamente a se concentrar no livro aberto em seu colo.

A nova geração será constituída de um número cada vez maior de almas que reencarnarão despertas. Essas almas são crianças cujas lembranças anímicas lhes permitirão falar sobre acontecimentos e objetos dos quais não poderiam ter nenhum conhecimento, e que demonstrarão uma sabedoria e visão que estarão muito além das influências exercidas pelos pais.

As histórias a seguir demonstram os efeitos positivos da reencarnação de almas na mesma família a que pertenceram na vida anterior.

O CICLO DA VIDA — E DO AMOR

Minha filha, Lori, rezava constantemente pela sua filha única — minha neta —, Brooke. Esta, com 21 anos, era viciada em drogas desde os 16 e passara, há pouco tempo, a se injetar metanfetaminas. Não tínhamos sequer idéia se Brooke estava viva ou morta, pois não recebíamos notícia dela há mais de três meses. Uma noite, em desespero, Lori apelou para sua falecida avó (que conhecera e amara Brooke quando criança) e rezou:

— Muzzie, eu sei que está aí e pode me ouvir. Brooke precisa de ajuda. Se estiver ao seu alcance, faça com que ela pare!!! Por favor!!!

Alguns meses depois, Brooke me telefonou para dizer que estava grávida. Fiquei sabendo dessa gravidez um pouco antes da minha primeira consulta com Louise, em 1997. Louise estava descrevendo com riqueza de detalhes alguns grupos e situações da época com os quais eu estava envolvida, quando, de repente, ela disse:

— Tortas... vejo tortas por todo lugar. Sua mãe assava tortas?

Admiti que as tortas eram a marca registrada de minha mãe, quando ela era viva. Louise então disse:

— Bem, sua mãe está aqui e quer que você saiba que ela está voltando como sua neta ou bisneta. Ela morreu há mais ou menos oito anos, não foi?

Eu estava pasma, para dizer o mínimo. Achei que Louise fosse me falar sobre meus sucessos ou contratempos profissionais. Minha mãe (que de fato morrera oito anos antes) era, nesse momento, a última coisa que passava pela minha cabeça. Além disso, como aquela era a primeira vez em que eu encontrava Louise, ainda não dissera a ela que eu tinha uma filha, quanto mais uma neta!

Antes da minha primeira consulta com Louise, ao descobrir que estava grávida, Brooke optara por entrar num programa de reabilitação para drogados, específico para mulheres grávidas e jovens mães. O pai do bebê, Dave, também queria mudar de vida. Ele tinha um desejo sincero de ser um bom marido e um bom pai. Então assumiu o compromisso de seguir o programa de reabilitação para jovens pais, mesmo que isso o obrigasse a ficar afastado de Brooke até um mês depois do nascimento do bebê. Essa virada nos acontecimentos era quase inacreditável. Eles estavam ambos fazendo um grande empenho para se livrar do vício e assumir a responsabilidade pela criança.

Lori posteriormente me diria:

— Quando pedi a Muzzie para fazer Brooke parar, nunca imaginei como ela faria isso!

Louise, da sua maneira inigualável, estava certa de que minha mãe iria reencarnar como o bebê de Brooke. Ela perguntou se Brooke conhecia Muzzie e eu disse:

— Conhecia, elas eram muito ligadas. Quando Brooke era bebê, ela costumava ficar no colo de Muzzie.

— Sua mãe disse que ela conseguirá realizar muitas coisas no colo de Brooke — comentou, então, Louise.

Em vista do problema de Brooke com as drogas, expressei minha preocupação com a saúde do bebê. Louise me tranqüilizou dizendo:

— Essa alma virá com tamanho ímpeto que dissipará qualquer vestígio de drogas, ou então não haverá nenhum resíduo.

E acrescentou:

— Acabei de perguntar à sua mãe se existirá algum problema e ela disse, "O único problema é chegar lá!" (Aparentemente porque muitas almas esperavam para reencarnar também.)

Esse comentário era bem o estilo de minha mãe.

Depois Louise disse subitamente:

— Sua mãe pediu para contar que ela estava ao seu lado quando você experimentou o colar dela, na semana passada.

Uma semana antes da consulta, uma hora em que estava sozinha em meu quarto, me vesti com uma roupa de festa. Embora não fizesse isso há oito anos, abri a caixa de jóias de mamãe, experimentei um colar de cristal e depois o recoloquei na caixa. Ninguém tinha me visto fazer isso. Aparentemente, mamãe acrescentara essa informação para me assegurar de que tudo que Louise dissera iria de fato acontecer.

Poucos dias depois de mamãe morrer, oito anos antes, minha filha Lori e eu estávamos falando sobre ela. De repente, Lori viu uma bola de luz verde iridescente e brilhante dançando entre nós. Eu mesma não vi nada, mas Lori a descreveu para mim. Ambas tínhamos certeza de que se tratava da energia da alma de Muzzie.

Uma manhã depois da consulta com Louise, enquanto eu olhava pela janela e me aprontava para o trabalho, pus para tocar a fita da consulta. Minha janela dá de frente para uma grande lagoa. A água parecia ainda mais escura do que de costume, pois o Sol ainda não nascera. Quando a fita chegou na parte em que Louise falava que Muzzie iria voltar, uma bola de luz verde iridescente e brilhante começou a dançar para a frente e para trás na água. Sem conseguir acreditar no que via, saí para ver o que estava refletindo na água, mas não havia nada: nenhuma luz, nem o sol da manhã, nada para refletir.

Então me lembrei da descrição de Lori, oito anos antes, sobre a bola de luz verde que ela vira logo que Muzzie morrera. Vi a bola reaparecer e dançar sobre a água durante três dias, antes do nascer do Sol. Minha vizinha também viu a mesma coisa. Depois disso, ela desapareceu e não foi mais vista.

Isso tudo foi só o começo. Sem ter conhecimento das informações que Louise me transmitira, Brooke telefonou para a mãe um dia e disse:

— Mãe, sinto-me tão cercada de amor! Tenho a nítida impressão de que este bebê é alguém que eu já conheço!

Depois desse comentário, Lori e eu contamos a ela que muito provavelmente ela daria à luz a própria bisavó.

— Ai, meu Deus! — exclamou Brooke, tendo um ataque de riso incontrolável só de pensar em tal idéia. Ela adorava Muzzie e essa notícia definitivamente fortaleceu seu compromisso de se manter longe das drogas. Que responsabilidade!

Sophie Lynn nasceu em 31 de julho de 1997, um bebê saudável, radiante e precoce, que não apresentava nenhum sinal de ter sido afetado pelo vício da mãe. Os pais honraram o compromisso de viver longe das drogas e adotaram um estilo de vida conservador e tradicional. Na consulta, Louise disse:

— Sua mãe está dizendo que ela fará com que você saiba, de muitas maneiras, que essa criança é de fato ela; quando colocar um laço na cabeça dela, você saberá.

Muzzie sabia que eu estava a par de uma história sobre um laço especial que lhe puseram no cabelo quando ela tinha cinco anos, em 1907. A filha de Brooke também veria uma coisa prateada que costumava pertencer a ela e correria em sua direção, dizendo "Isso é meu, eu quero!" Louise acrescentou que, quando o bebê estivesse dando os primeiros passinhos, ele olharia para o retrato de Muzzie e perguntaria, curioso: "Quem é? Quem é?"

Sophie ainda não tem idade suficiente para dizer e fazer as coisas que, segundo Louise, nos dariam uma indicação da sua identidade anterior; no entanto, ela apresenta traços de comportamento que eram característicos de mamãe. Ela é travessa, brincalhona e esperta. Andou aos oito meses e correu com nove. Assim como Muzzie, sua comida preferida é banana e sua cor favorita é púrpura, a cor que Louise mencionara na consulta. Poderia se dizer que isso não passa de coincidência, mas existem ainda muitas outras evidências interessantes.

Quando Sophie tinha um mês de vida, dois parentes nos lembraram que, 20 anos antes, minha mãe, que nunca gostara do próprio nome — Agnes — disse que sempre quisera se chamar Sophie.

Minha mãe adorava rosas e sempre teve muito orgulho do lindo jardim de rosas que havia em sua casa, em Kirbyville. Sophie mora com os pais em Kirby Way, em Roseville. Interessante? Mera coincidência? Talvez a alma tenha mais chance de escolher as condições e circunstâncias da sua vida do que possamos imaginar.

Quando Sophie tinha oito meses, minha filha e eu a levamos para tirar um retrato. O fotógrafo colocou uma caixa de música para tocar e deu-a nas mãos dela. A caixinha tocava uma velha canção, muito pouco ouvida nos dias de hoje, chamada "Playmate". Era uma das preferidas de minha mãe. O refrão era mais ou menos o seguinte: "Oh, aminguinha, saia e venha brincar comigo..." Ela costumava cantar essa música para os filhos e netos. Não a ouvíamos há anos. Sophie, é claro, ficou fascinada com a caixa de música. E nós ficamos frustradas porque conhecíamos a canção, mas não nos lembrávamos da letra. Mais tarde, já em casa, conversávamos enquanto o bebê estava sentado no chão, de costas para nós. De repente, a letra da canção nos veio à mente e começamos a cantar. Sophie virou a cabeça tão rápido que quase perdeu o equilíbrio. Olhou intensamente para mim e depois para Lori. Enquanto cantávamos o resto da canção, ela continuou nos fitando com um olhar sonhador. Nós certamente ficamos tão surpresas quanto ela.

Anos atrás, quando os netos ficavam com mamãe em casa, ela freqüentemente jogava "Wahoo!" com eles, seu jogo de tabuleiro favorito. Todos na família têm lembranças de se revezar gritando "Wahoo!" a cada vitória. Quando Sophia tinha um ano e cinco meses, ela ficou hospedada em minha casa por um tempo. Seu berço ficou no meu quarto. Nós duas dormíamos quando — no meio da noite, cortando o silêncio — ela gritou "Wahoo!" Em choque, eu sentei na cama e olhei para Sophie, mas ela continuava profundamente adormecida, com a respiração suave e ritmada. Desnecessário dizer que fiquei um bom tempo sem conseguir dormir.

Que ciclo de vida maravilhoso! E que criaturinha maravilhosa, minha mãe! Sophie tem agora quase dois anos de idade. A mãe dela, minha neta Brooke, acabou de nos contar que em breve dará à luz gêmeos! Meu Deus! Eu adoraria saber quem estamos recebendo de volta desta vez!

Leslie Oliver

BOA-NOITE, LUA

Howard e eu nos conhecemos durante minha primeira viagem a Londres, no fim dos anos 80. Passamos momentos muito idílicos e românticos juntos. Era como se um sonho se tornasse realidade. Ele me levou a passeios fora da cidade, para que eu conhecesse locais históricos e graciosas estalagens antigas. Quando voltei para casa, ele me escreveu uma carta do tipo que se guarda para sempre, atada a uma fita. Também me mandou fotos nossas caminhando por um parque maravilhoso, dando destaque para um dia em que eu lamentei ter deixado a máquina fotográfica em casa. Posteriormente, nos encontramos uma ou duas vezes em Londres e no norte da Califórnia — onde eu morava na ocasião — e nosso relacionamento passou naturalmente a ser uma duradoura amizade além-mar.

A prova de que isso aconteceu sem nenhum constrangimento para nenhum de nós dois é que acabei conhecendo até mesmo sua nova esposa, Helga. Eles haviam se conhecido durante as férias, na Tailândia. Ela se mudara da sua terra natal, a Alemanha, e estava se adaptando à sua nova vida em outro país.

Vi Helga pela primeira vez quando ela foi se encontrar comigo no Aeroporto Heathrow. Eu pretendia passar o fim de semana na casa deles, no leste de Londres, antes de seguir para Londres propriamente, dar algumas palestras e encontrar alguns clientes. Nem todas as mulheres estariam preparadas para ir de carro ao aeroporto às 5 da manhã, pegar a ex-namorada do marido.

Ela permaneceu na área de espera, onde as pessoas aguardam os passageiros que passam pela alfândega, segurando uma cópia do meu livro *Beyond Boundaries* e torcendo para reconhecer meu rosto amassado da viagem a partir da foto na contracapa do livro. Achei que Howard era um homem de sorte por ter casado com uma mulher tão atraente e solícita.

A programação que ela e Howard gentilmente planejaram para mim agora passou a ser uma maravilhosa tradição que já seguimos há quase dez anos. Ela permite que eu me recupere totalmente da viagem e dos efeitos da mudança no fuso horário. Colocam-me na cama com uma garrafa de Perrier na cabeceira, esperam até que eu acorde e então me levam para uma bem-vinda caminhada em meio à natureza, para depois almoçar num *pub* ou no lindo jardim da casa deles. O casal agora mora em Winchester, uma caminhada perfeita do seu novo lar até o centro da cidade.

Na primeira vez em que visitei meu amigo depois que ele se casara com Helga, ela mostrou interesse pelo meu trabalho. Howard, no entanto, ainda não o via com seriedade. Nessa primeira tarde, enquanto eu batia papo com ela em sua "lounge" (sala de estar inglesa), minha atenção foi desviada para uma imagem que eu achei que fosse da avó dela. Ela apareceu à minha direita — sobre a cabeça de Helga —, onde eu vi duas almas que esperavam reencarnar, no lugar onde eu costumava ver almas pertencentes ao Outro Lado.

— Desculpe-me, Helga — disse eu, introduzindo o assunto —, mas tenho que interromper nossa conversa um instante. Sua avó está aqui, querendo se comunicar.

Eu adoro telepatia. É tão conveniente. Nunca é como traduzir uma língua linear, limitada. Às vezes eu vejo determinados gestos que são inerentes a certas línguas ou culturas, mas a comunicação por meio do pensamento não é limitada pela língua. Não há nenhum problema no fato de a avó de Helga só conhecer o alemão quando viva.

Helga me pareceu bem receptiva, por isso continuei. Nossa conversa tornou-se uma "miniconsulta". Eu nunca transmito mensagens quando a pessoa não as solicita, ou fora das consultas. Mas, naquele momento, senti que era importante para mim saber o que a avó de Helga queria transmitir.

— Ela está me mostrando uma rosa branca, a lembrança de um sininho tocando e uma mensagem relacionada com algo sendo enterrado no porão.

Helga confirmou o significado pessoal da flor branca; a rosa de natal era a preferida da avó. Ela adorava ganhá-la em seu aniversário, 22 de dezembro. O sino era tocado, como parte de um ritual muito antigo, logo depois que "Christkind", o menino Jesus, deixava a casa. As velas eram acesas na árvore de Natal e as crianças podiam ir para a sala e abrir os presentes.

Depois da minha visita, o pai de Helga confirmou que a avó dela tinha mesmo enterrado suas jóias no porão, embaixo da escada. A casa nunca fora vendida, mas tinha sido tomada da família quando precisaram fugir, depois que a Alemanha perdeu a guerra. O tio de Helga visitou seu antigo lar dois anos depois, mas os donos, temerosos, não deixaram que ele desse uma olhada na casa.

— Bem — eu continuei —, eis o que a sua avó realmente quer que você saiba. Parece que ela reencarnará como seu primeiro filho! Ela não está me mostrando o sexo do corpo que habitará; isso não parece ter importância. Ela ou ele vai querer saber o nome de todas as flores do jardim e também que você o oriente espiritualmente. A ligação que vocês tiveram — e ainda têm — é a base para muitas coisas boas que virão quando vocês forem mãe e filho.

Não muito depois da minha visita, nasceu Tristen, um lindo menino, filho de Helga e Howard. Quando eu recebi a notícia, mandei um livro para o menino chamado *Goodnight Moon* [Boa-noite, Lua], de Margaret Wise Brown. Achei que aquele seria o presente perfeito para um bebê. O livro tornou-se um clássico. A Vovó Coelha senta com o Bebê Coelho na grande sala verde, onde há um pente e uma escova, além da foto de uma vaca pulando sobre a Lua. Em cada página, a criança procura descobrir onde o pequeno camundongo está escondido. O quarto fica cada vez mais escuro, à medida que a Lua, do lado de fora, vai ficando mais brilhante, acalentando o sono do coelhinho.

Na ocasião em que fiz outra visita aos meus amigos, Tristen já dava seus primeiros passos e tinha um irmão chamado Richard. Tristen era um garotinho muito sensível, de bela aparência e compleição quase delicada. O pequeno Richard parecia um pequeno tanque de guerra. Já tinha jeito de rapazinho e um senso de humor delicioso que em geral ajudava o irmão mais velho a se alegrar e a não se levar tão a sério.

Na noite da minha chegada, Helga agradeceu-me por enviar o livro.

— Eu não disse isso a você quando entrou em contato com a minha avó — disse ela —, mas ela foi estuprada pelos russos na época da guerra. Ela os perdoou, pois sabia como os nazistas tinham tratado os russos, mas sempre ficava pensando no passado, quando, juntas, contemplávamos a Lua à noite!

Tristen, então, entrou na sala em que estávamos conversando. Pegou-me pela mão e me levou para seu quarto. Então pegou o livro que eu lhe tinha dado, colocou-o sobre uma mesinha e virou página por página, sempre apontando a Lua — que ficava mais brilhante a cada página. O menino ignorou completamente o ratinho. Depois disso, Tristen me pegou novamente pela mão e me levou para a janela. Então apontou para a Lua, como se dissesse, "Eeela voltoooou!!"

No dia seguinte, Howard e Helga levaram Tristen para dar uma volta, enquanto eu cuidava de Richard. Quando voltaram, Helga disse que, enquanto dirigiam de volta para casa, Tristen não parava de perguntar "Minha amiga Lu-eeze 'está' em casa quando chegarmos, minha amiga Lu-eeze?" Essa não era a primeira vez que eu encontrava uma criança a quem interpretei antes de nascer. Elas parecem me reconhecer ou se lembrar, com alguma consciência, que nos encontramos quando elas ainda eram um espírito!

Eu fui para Londres depois dessa visita e telefonei para Helga para agradecê-la pelo fim de semana. Tristen atendeu ao telefone e então eu o ouvi anunciando em voz alta: "Mamãe, é Lu-eeze!" Helga pegou o fone encantada, pois Tristen nunca tinha atendido ao telefone nem anunciado ninguém daquele jeito.

É divertido observar Tristen enquanto ele cresce, sabendo que ele incorporou tanto os aspectos femininos quanto os masculinos, assim como acontece com todos nós; mas observar o fio da meada que sua alma carrega — desde a avó de Helga até tornar-se Tristen — é absolutamente fascinante.

A avó de Helga adorava seu jardim. Eu observei Tristen — desde os tempos em que ele começou a andar — seguindo o pai pelo jardim com seu regadorzinho e imitando todos os gestos que Howard fazia enquanto cuidava das plantas. A avó de Helga adorava cozinhar. Dei risada quando vi Tristen em pé em frente ao seu fogãozinho, cozinhando ao lado da mãe. Ele tem os olhos azuis brilhantes da mãe e adora chá de ervas. Seu irmãozinho detesta. Helga posteriormente me lembrou de que sua avó tinha me mostrado seu bule de chá predileto, numa das sessões.

A avó de Helga era extremamente elegante. Helga contou-me que ela "sempre tivera um gosto apurado para se vestir. Era uma verdadeira dama". Numa das minhas visitas, eu desci as escadas com uma echarpe em torno do pescoço. Tristen olhou para mim e disse:

— Num gosto disso que cê tá usando. Eu punha outra coisa com ele, se fosse você...!

Helga sentia que a paixão que a avó tinha pelas viagens — algo que, na Alemanha, não era comum para uma anciã como ela — tinha sido um incentivo para que ela escolhesse pais que viajavam muito. Em primeiro lugar, isso lhe daria oportunidade para aprender que o mundo podia ser um lugar seguro. Em segundo lugar, ela poderia ampliar seus horizontes encarando o desafio de viver numa sociedade nova e diferente, convivendo com a neta e dando apoio a ela, enquanto ela mesma se desenvolvia.

Na verdade, Tristen está aqui para ser Tristen. O espírito da avó de Helga escolheu Helga e Howard para serem seus pais porque eles poderiam ajudar sua alma a se desenvolver. Quando eu percebo certos "fios" que a alma carrega desde suas experiências de vidas passadas, eu posso informar a essa alma o que ela quer carregar para a vida seguinte — expandir seu aprendizado ou resolver questões pendentes — e o que ela agora pode deixar para trás. Os terapeutas especializados em regressão podem ajudar meus clientes a perceber — além de curar — medos e padrões arraigados que não têm relação com a vida presente. Eu gosto de descobrir esses fios que provam aos clientes que eles são almas eternas e em evolução, e que escolheram pais aptos a apoiar seu crescimento.

O AVÔ QUE ENCONTROU A SI MESMO

Nestes últimos anos, tenho encontrado um número cada vez maior de almas que estão "re-ciclando" ou reencarnando nas mesmas famílias e, mesmo em termos terrenos, "muito rapidamente" (isto é, com um intervalo de poucas gerações entre as encarnações), pois, do Outro Lado, não há tempo a perder. Como muitas almas estão, idealmente, retornando para a dimensão física agora num estado mais desperto, elas podem trazer mais benefícios reunindo-se a uma família a que já pertenceram, mas com uma perspectiva nova e diferente. Ocasionalmente, eu também testemunho esse fenômeno de reencontro entre amigos que voltam a encarnar juntos, desta vez dentro da mesma família. Descobri, por exemplo, que o amigo de um cliente que fora co-piloto do avião dele e morrera no Vietnã, voltou como filho desse cliente. Atualmente, eles estão trabalhando várias questões por meio da grave doença do menino. Qualquer configuração familiar que estimule e apóie o crescimento da alma — equilibre velhas questões e propicie oportunidades para que os corações se abram — faz com que isso seja possível e vantajoso. Qualquer uma funciona. A história a seguir é um exemplo dessa tendência.

Susan chegou para a consulta com seu bebê de quatro meses no colo. Perguntou-me se eu me importaria se ela o amamentasse durante a consulta e eu disse que não haveria problema. Não consegui esperar até fazer minha invocação costumeira para contar a ela o que eu estava vendo:

— Este bebê é seu avô que está de volta!

— Também acho — ela respondeu, sorrindo.

Como de hábito, comecei então a relacionar todas as informações — passado, presente, futuro provável e almas que vinham do Outro Lado —, quando uma imagem do avô de Susan apareceu às costas dela, atrás do sofá em que estava sentada. Expliquei a ela como era possível que um aspecto do espírito do avô pudesse estar voltando a viver na forma física como o filho dela e, ao mesmo tempo, se apresentar com a aparência do avô, que estava do Outro Lado. É confuso para nós entendermos isso, pois nesta dimensão nós nos referimos muito à fisicalidade e à localidade das pessoas. Nossa energia eterna, expansiva, que não existe exclusivamente no físico, pode estar em muitos lugares ao mesmo tempo.

— Seu avô está sorrindo para você. Ele está me mostrando uma lembrança querida de uma longa viagem de carro que fez com você, através do deserto. Ele também se lembra de uma conversa especial que vocês tiveram.

— Sei a que viagem e a que conversa ele está se referindo! Foi memorável! — refletiu ela.

— Agora ele está apontando para o bebê e querendo que você saiba tudo que ele espera realizar nesse corpo — continuei.

Nesse instante, a avó de Susan apareceu ao lado do avô. O bebê virou a cabeça, afastando-se do peito da mãe, olhou para cima, em direção à avó e riu!

— Claro! — exclamei. — Sua avó foi mulher dele!

Aquilo estava começando a parecer um circo e eu, a apresentadora de todos os espetáculos.

— O que virá em seguida? — perguntei curiosa.

Quando concluímos a sessão, Susan agasalhou o bebê e colocou-o no bebê-conforto aos seus pés. Eu me abaixei para brincar com ele. De repente captei seus pensamentos, telepaticamente:

— Ele mal pode esperar para ter uma bicicleta! — contei a Susan.

— Isso é engraçado — ela comentou. — Minha mãe acabou de me fazer uma visita de duas semanas. Eu disse a ela que estava ansiosa para que as crianças crescessem, assim poderíamos andar juntos de bicicleta. Minha mãe disse: "Por que andar de bicicleta se vocês podem caminhar?"

— Acho que ele ouviu tudo o que dissemos! — eu disse, encantada com a consciência que está a par de tudo que existe, independentemente da idade cronológica do corpo. Eu já tivera uma experiência disso com parentes de clientes que sofriam do mal de Alzheimer ou que estavam em coma, e até mesmo com os bichos de estimação de alguns clientes. Mas essa era a primeira vez que tinha uma transmissão telepática com um bebê.

Ao sair, Susan expressou o grande contentamento que sentia por receber a confirmação de que o amado pacotinho em seus braços mantivera os laços de coração que ela estabelecera, quando criança, com o amado avô.

COMO TORNAR-SE UM RECEPTOR: CONFIE NA TELEPATIA

Quando alguém capta telepaticamente meu pensamento, eu sempre faço questão de dizer isso a ele. Não hesite em fazer o mesmo pelas outras pessoas. A única diferença entre a telepatia com as pessoas da dimensão física e a telepatia com as almas do Outro Lado é que é mais difícil tirar, com a alma, as dúvidas acerca da mensagem que ela mandou a você ou do que você acha que ela lhe comunicou telepaticamente. Nesses casos, as sincronicidades em geral vão guiar você, assim como aconteceu com meus clientes em muitas dessas histórias.

As pessoas são telepáticas o tempo todo, só não percebem isso. Pouco tempo atrás, um homem sentou-se perto de mim no balcão de um restaurante. De repente ele começou a cantarolar: "Toda brisa que passa parece sussurrar Louise..." Nessa mesma semana, ouvi sem querer a conversa de duas mulheres que jantavam numa mesa próxima à minha, num restaurante chinês. Elas tentavam encontrar uma desculpa para dizer a uma amiga a quem tinham esquecido de convidar para jantar. "Digam simplesmente a verdade", pensei comigo. Assim que tive esse pensamento uma delas disse:

— Talvez seja melhor dizer simplesmente a verdade.

Alguns anos atrás, em Chicago, resolvi fazer uma pausa entre as consultas e ir cortar a minha franja num salão de beleza. A recepcionista pediu-me para esperar pelo cabeleireiro, que estava no fundo do salão, enquanto ele acabava de atender um cliente.

Olhei então para o cabeleireiro que estava próximo a ele, esparramado na cadeira, lendo jornal. Havia mechas de cabelo espalhadas por todos os lados, ao redor da cadeira. "Por que você não varre esse cabelo?", pensei comigo. Mas em seguida pensei com meus botões "Por que me incomodo com isso?" O jovem, então, ficou em pé, largou o jornal na cadeira e começou a andar na minha direção.

Um dos efeitos colaterais de poder ver além do tempo e do espaço é o fato de que, quando encontro alguém que conheci em outra vida, muitas vezes tenho uma "visão dupla". É como se eu visse uma dupla exposição ou a sobreposição de dois períodos de tempo diferentes. Vejo a pessoa no tempo presente ao mesmo tempo que a relaciono com a pessoa que ela foi em outros tempos. Isso pode criar uma certa confusão, como aconteceu nessa ocasião à qual me refiro agora.

Eu, de repente, vi esse jovem cabeleireiro sobreposto à figura de um vizinho que eu tive, no norte da Europa, uns duzentos anos atrás. Tratava-se de uma vida passada na zona rural, onde todos dependíamos da terra para sobreviver. Ambos éramos homens. Um dia estávamos reclamando da falta de dinheiro. "Por que você não cultiva sua terra, homem?", eu dizia a ele nessa outra vida. Na vida presente, eu pensava: "Por que não varre esse cabelo?"

O cabeleireiro fitou-me nos olhos.

— Você já foi no restaurante que fica aqui neste quarteirão? — perguntei a ele. — Eles fazem a melhor sopa caseira que conheço.

Em seguida, meus pensamentos se desviaram para o cheiro delicioso dos pãezinhos de canela que eu tinha visto lá. Eram iguais aos que a minha mãe costumava fazer, pensei.

— É — o homem respondeu —, e eles também fazem pãezinhos de canela iguais aos que a sua mãe costumava fazer, não é?

— Isso foi telepatia — eu disse a ele.

— Hum-hum — ele concordou. — Costumo fazer isso às vezes.

CAPÍTULO QUATRO

O FUTURO PODE MUDAR O PRESENTE

O tempo pega peças em você? Às vezes parece que simplesmente não há tempo suficiente. Outras vezes, ele parece se arrastar. O tempo parece acelerar quando você está acordado no meio da noite? Quando está se divertindo, ele passa sem que você perceba?

É verdade. O tempo faz você de gato e sapato. Ele sabe quando passar sem que você perceba, pegando-o de surpresa, e quando escoar pelos seus dedos. Você está envolvido num relacionamento íntimo com o tempo. Ele pode dominá-lo, deixá-lo frustrado, caçoar de você, afrontá-lo, humilhá-lo e controlá-lo. O tempo pode comandar a sua vida. Também pode arruiná-la. Mas ainda há uma esperança. Não é preciso que seja assim.

Seu relacionamento com o tempo depende de como você o vê. A maneira como você se relaciona com ele influencia a maneira como ele interage com você. Como quase sempre acontece na vida, fica mais fácil lidar com uma coisa quando mudamos o modo de entendê-la. Talvez as idéias a seguir o ajudem a compreender isso.

O tempo é uma ilusão. Ele só existe nesta realidade porque, para nós, ele é linear e seqüencial. A impressão que temos é a de que os acontecimentos ocorrem um após o outro, um de cada vez. Se pudesse sair da realidade em que está hoje — como eu faço nas consultas —, você veria todos os tempos (ou a ausência deles) existindo simultaneamente.

O físico de Princeton, John Wheeler, cunhou o termo "buraco negro" para se referir às estrelas que estão morrendo e que engolem não só matéria, mas também o espaço em volta dela, fazendo com que o tempo chegue ali a seu termo. "O tempo não pode ser uma categoria básica na descrição da natureza", declarou ele. "O 'antes' e o 'depois' não são a regra em todos os lugares."

Eu sofro a influência desse fenômeno quando me encontro com meus clientes. Sou capaz de ir além do tempo e ver o passado, o presente e o futuro provável, onde todos esses tempos ainda — e já — estão ocorrendo. Pelo telefone, eu posso me "sintonizar" com clientes de qualquer lugar do mundo. Eu simplesmente acesso uma freqüência que nos conecta e capto informações de onde elas existem, além do tempo e das limitações impostas pela proximidade física.

Em 1905, Albert Einstein apresentou sua teoria especial da relatividade, segundo a qual a medição dos intervalos de tempo é afetada pelo movimento do observador. Dois anos depois, um matemático, Hermann Minkowski, propôs uma nova geometria que acrescenta o tempo às três dimensões do espaço (altura, largura e profundidade). Esse sistema de quatro coordenadas — espaço-tempo — tornou-se popular por ser uma forma eficiente de simplificar as fórmulas de Einstein.

Um exemplo da idéia de relatividade é a situação em que você está sentado num trem e nota que o trem ao lado começa a entrar em movimento. Eis aí uma situação que deixa qualquer um desorientado. É o trem que está se movendo ou é você? Não dá para saber até que você veja um terceiro ponto de referência, como a plataforma, por exemplo. Esse é um exemplo de movimento relativo.

De forma semelhante, o tempo é relativo. Só que não existe nenhuma plataforma em que se basear. Não notamos as diferenças porque elas são infinitesimalmente pequenas. O tempo parece não existir quando você está acordado, no meio da noite, pois você perde a referência de onde está. Não há uma tela de fundo — pessoas indo e vindo, variações na luz do sol, do lado de fora — que o ajude a estimar o tempo que passou.

Eu sempre me refiro à lembrança de John Boslough acerca do grafite que ele viu na parede de um café no Texas: "O tempo é a forma que a natureza tem para evitar que tudo aconteça de uma só vez." Nesse artigo, "O Enigma do Tempo" (*National Geographic* de março de 1990), ele lembra que as crianças com menos de dois anos têm um senso muito limitado da passagem do tempo e talvez muito semelhante ao que tinham nossos primeiros ancestrais. Alguns estudiosos acreditam que as pessoas um dia já viveram num estado de "eterno presente", com pouca ou nenhuma noção de passado ou de futuro.

Ele menciona uma velha índia hopi do norte do Arizona que conversa com um amigo chegado, morto há muitos anos, como se ele tivesse acabado de sair pela porta. Os verbos dos hopis não fazem distinção entre o passado e o presente. O tempo corre indiferenciado, como se fosse um presente sempre contínuo. Os relógios e os calendários reforçam a ilusão de que vivemos num mundo onde os segmentos de tempo podem ser medidos matematicamente. Mas o tempo físico é relativo. Ele depende das coisas que acontecem — da maneira como achamos que acontecem — no mundo exterior. O tempo não acontece "dentro de" nós.

Para mim, *fazer* o que eu faço é bem diferente de *entender* o que eu faço. Por essa razão, comecei a estudar o conceito de tempo. Eu precisava entender como sou capaz de entrar num estado de consciência expandida e ver a infância de meus clientes, suas vidas passadas e os momentos futuros positivos que eles têm em potencial. Eu também precisava entender como eu era capaz de entrar em contato tanto com a consciência das almas que estavam se preparando para reencarnar quanto com a consciência daquelas que estavam simplesmente se apresentando, vindas do Outro Lado e aparentemente existindo e percebendo além do tempo. Cada vez que "sintonizava" uma dessas "freqüências", eu conseguia avançar e retroceder no tempo.

Comecei a entender que o tempo linear, seqüencial, como nós o conhecemos nesta realidade tridimensional e física, é, assim como a morte, uma ilusão. Assim como a teoria da relatividade de Einstein explica que "o tempo depende de onde o observador está", eu percebi que tenho de me sintonizar com uma freqüência dentro de mim que me leve a uma consciência expandida, fora dessa estrutura de tempo linear.

Quando eu passo pela experiência dessa "atemporalidade" — passado, presente e futuro positivo mais provável —, tudo existe no agora. Tenho treinado a mim mesma para só receber informações sob essas condições. Existem ocasiões, no entanto, em que sinto uma "torrente ininterrupta de pensamentos" — ou seja, quando eu encontro uma pessoa ou um lugar com o qual eu tenha estabelecido uma ligação numa vida passada (outro espaço-tempo). Então eu sinto como se estivesse abarcando dois períodos de tempo simultaneamente. (Às vezes, as pessoas suspeitam ou têm medo ou esperam que eu fique o tempo todo "sintonizada". Então pergunto a elas: Por que eu ia *querer* fazer isso?)

O futuro não vem depois do passado e do presente, e o passado não vem antes do presente e do futuro. Da maneira como essas cenas aparecem para mim, tudo é a mesma coisa. Primeiro, eu relaxo e convido o cliente a fazer o mesmo, respirando profundamente. Isso faz com que entremos em "sincronia". Depois eu faço minha invocação.

Então faço o inventário das cenas que começam a aparecer diante de mim, para em seguida colocá-las numa ordem cronológica linear: coloco a informação referente ao presente bem na minha frente. O passado — infância e vidas passadas — deixo à minha esquerda. Do outro lado e um pouco acima da minha cabeça, vejo as almas que estão se preparando para voltar a esta dimensão. Um pouco mais distante, do meu lado direito, ficam as cenas relativas ao futuro. Ainda mais longe, vejo as almas dos que seguiram para a Luz e que vieram da dimensão extrafísica, ou seja, do "Outro Lado".

Muito embora eu saiba que o tempo linear é uma ilusão — e que tudo está ocorrendo ao mesmo tempo —, esse conceito só é útil se provar ser relevante para a vida do meu cliente.

As duas histórias seguintes documentam as duas primeiras consultas em que o conceito de que o tempo não existe acabou sendo bem útil por outros motivos.

BEN

Eu estava no meio de uma sessão com Cathy, quando dirigi minha atenção para um momento da consciência futura dela. Fiz isso com a intenção de criar um caminho a partir do presente até seu potencial futuro mais elevado. Isso ajuda o cliente a enfrentar — agora, no presente — o que o futuro lhe reserva. O fato de reposicionar meus clientes dessa forma também propicia um impulso mais forte do "aqui" para o "lá".

— Neste momento futuro — eu disse a ela —, há uma pessoa chamada Ben, vinda do Outro Lado. Ele quer agradecer a Michael por ter segurado sua mão.

— Ben é o padrasto de meu marido, Michael — respondeu Cathy.
— Mas ele ainda está no hospital. Ainda não morreu!

Lembro-me de Cathy, minha mulher, contando-me sobre uma mensagem que Ben comunicara a Louise numa ocasião futura, a partir do Outro Lado. Isso sem dúvida influenciou meu jeito de agir. De novembro de 1996 até a morte dele, no dia primeiro de janeiro, eu li tudo o que me caiu nas mãos e procurei incorporar esses novos conhecimentos para que isso me ajudasse a passar por uma transformação da consciência. Todas essas leituras me preparavam para as atividades suscitadas pela morte de Ben. Nessa época, *The Path to Love*, de Deepak Chopra e *Conversations with God* (volume 1), de Neale Donald Walsch, eram livros importantes. Em meio a tudo isso, Cathy me contou a respeito de uma breve mensagem (transmitida por Ben, através de Louise) sobre eu estar segurando a mão dele.

Ben teve um derrame na segunda semana de dezembro, em Valley Forge, Pensilvânia. Eu ia de carro de Baltimore até lá todos os dias para visitá-lo. Ele estava na UTI e, depois da internação, seu estado piorou tanto que, por dez dias, ele precisou de um tubo de oxigênio. Quando o tubo foi removido, ele ainda tinha períodos de consciência, embora mal conseguisse falar.

Uma noite, quando seu fim já estava próximo, levei minha filha adolescente para se despedir dele. Minha irmã gêmea, que mora em Los

Angeles, também estava lá. Ben estava bastante lúcido e reconheceu a menina, embora não respondesse quando falávamos com ele. Fazia dias que não parecia tão bem. Acho que estava lúcido porque eu sempre falava com ele como se estivesse plenamente consciente.

Minha mãe e os amigos deles evitavam conversar normalmente com ele, talvez porque estivessem assustados e procurassem se conter. Acho que nunca contaram a Ben qual era seu verdadeiro estado e isso fez com que ficasse confuso e com medo. Eu simplesmente lhe expliquei que ele sofrera um derrame e isso prejudicara sua visão. Disse que isso provavelmente o estava deixando confuso, mas que não havia razão para se preocupar.

Quando estava acabando o horário de visita, recebi uma mensagem (telepática) para que eu ficasse com ele. Passar a noite ali não era algo que me assustasse, pois, como sou pediatra, já estou acostumado a passar muitas horas em hospitais, cuidando de pacientes em estado grave. No entanto, essa situação era diferente, pois eu nunca ajudara uma pessoa a fazer a transição para o Outro Lado. O fato de eu ter captado a mensagem para ficar ao lado dele era algo extraordinário nesse caso, pois eu e Ben, na verdade, nunca havíamos travado uma conversa mais íntima nos quinze anos em que moramos sob o mesmo teto — dos seis até os 21 anos de idade — nem durante os quase 45 anos em que ele fora casado com minha mãe.

As enfermeiras permitiram que eu ficasse e velasse por ele. Revelei ao meu padrasto, com poucos detalhes, qual era seu estado clínico. Disse a ele que seu fim provavelmente se aproximava, mas que ele não tinha o que temer. Baseando-me no que aprendera no livro de Raymond Moody, descrevi-lhe a idéia de estar fora do corpo e o túnel com uma luz no final. Disse que todos os parentes dele o estariam esperando e que ele ficaria surpreso ao constatar que "vida" maravilhosa o aguardava. Então eu pedi que ele procurasse Louise e tentasse se comunicar comigo através dela. Ele ouviu.

Eu estava sentado na beirada da cama dele. Ben deitado de costas e apoiado nos travesseiros, respirava ofegante. De quando em quando, eu colocava pedacinhos de gelo em sua boca e molhava seus lábios com uma esponja embebida com um líqüido preparado no hospital.

Ele parecia agradecido e alternava entre o sono e a semiconsciência. Eu estava sentado à direita do criado-mudo quando ele começou a tossir e acordou. Dei-lhe um pedacinho de gelo e, pela primeira vez na vida, comecei a falar da nossa vida juntos.

Eram reminiscências a respeito dos pais dele, das atividades que eu praticava quando criança, do futebol que jogávamos com seus amigos e parentes. Durante a conversa, peguei na mão dele e a segurei. Era macia, frágil e fria. Pude sentir o amor que fluía através dela. Era a primeira vez que eu segurava sua mão, com exceção das ocasiões em que atravessáramos a rua juntos, quando eu era menino. Foi maravilhoso. Por algumas horas eu falei, ele ouviu e assentiu em resposta. Eu afagava o braço dele e segurava sua mão. Expressávamos amor um pelo outro pela primeira vez, numa comunicação consciente nos dois sentidos.

Nesses momentos, Ben proporcionou-me uma das experiências espirituais mais profundas da minha vida. Era um estado de bem-aventurança que durou a noite toda. De manhã, ele se sentia melhor e eu deixei o hospital quando a luz do sol já invadia o quarto, as enfermeiras lhe davam um banho na cama e brincavam com ele. De volta ao apartamento de minha mãe, eu me reuni a ela e à minha irmã, meus filhos e sobrinhos.

Descrevi como fora a noite e disse a eles que sabia que Ben estava indo para o céu. Também disse que era importante que falassem com ele com sinceridade agora, pois ele não tinha mais medo e poderia ajudar a dissipar o medo e a dificuldade que eles mesmos sentiam para se comunicar com ele. No dia seguinte, Ben morreu em paz, durante o sono.

Cerca de um mês depois, vi Louise e ela me transmitiu uma mensagem de Ben, dizendo que sua transição para o Outro Lado fora tranqüila, que estava tudo bem e que ele era grato por eu ter segurado sua mão e o ajudado. Ele expressou seu amor por mim.

Michael Rakoff

LUAR SOBRE O LAGO

Alguns anos depois da morte de mamãe, eu tive a oportunidade de me encontrar com Louise pela primeira vez. Minha mãe tivera uma vida difícil aqui na Terra. Eu precisava saber se ela estava bem. Para minha surpresa, a primeira pessoa que iniciou o diálogo comigo foram os meus avós, que tinham sido muito especiais para mim. Minha avó, uma alemã extremamente conservadora, queria que eu soubesse que me aplaudiu nos momentos da minha vida em que eu disse: "Estou perdida se deixar que a sociedade me diga o que é ou não é aceitável!" Essa mensagem inesperada da minha avó deu-me força para continuar a viver uma vida "não-convencional".

Minha mãe veio em seguida e disse-me coisas que me deixaram certa de que era mesmo ela que estava ali. Então, no meio da conversa, Louise perguntou se eu podia ver água enquanto estava deitada na minha cama. "Posso!" Em seguida, ela perguntou:

— Dá para ver a Lua da sua cama?

— Dá! — respondi.

Ela então fez uma pausa, tentando interpretar a imagem que recebia.

— É alguma coisa sobre a Lua refletida na água à noite e você querendo saber se a sua mãe está ali com você.

Louise então mencionou alguns tipos de flor, a grande paixão de minha mãe. Paramos no gerânio. Mamãe gostava de gerânios e os plantava em todo lugar. O comentário de Louise me fez rir, pois o gerânio nunca fora minha flor favorita. Louise acrescentou que havia algo sobre uma ocasião futura em que aconteceria alguma coisa relacionada a essa flor e um momento de percepção no qual eu saberia que minha mãe estava ali comigo.

Nos meses seguintes, deixei a informação — sobre a Lua, a água e o gerânio — em segundo plano. Eu moro nas montanhas de uma comunidade à beira-mar e tenho uma linda vista do oceano Pacífico. Pensei sobre a mensagem algumas vezes, nas primeiras horas da manhã, quando via a Lua cheia deixar um belo reflexo sobre as ondas, mas nunca cheguei a sentir a presença de minha mãe nesses momentos. Eu coloquei um vaso de gerânios na entrada de casa. Pensei na minha mãe nessa ocasião, enquanto olhava para eles, mas nunca a senti ali comigo. Depois de um ano ou mais, parei de procurar pelos sinais para os quais Louise me alertara.

Dois anos se passaram e minha família e eu tivemos uma oportunidade inesperada de passar um fim de semana numa casa de veraneio muito especial, na fabulosa floresta de North Woods, ao norte de Wisconsin. O pai de meu pai tinha construído a casa e ela pertencera à família há quatro gerações. Essa casa de veraneio tinha sido a alegria de minha mãe. Sempre que meu pai falava em vendê-la, ela exclamava exaltada:

— Só por cima do meu cadáver!

Depois que ela morreu, ele fez justamente isso: vendeu a casa, com tudo o que havia dentro.

A oportunidade especial que tivemos nesse verão fez com que minhas irmãs, a família delas, meu pai e eu passássemos momentos inesquecíveis sentados na varanda dessa casa de veraneio, contemplando a vista magnífica de um lago. Parecia mais bonito do que eu me lembrava. Lembro-me de ter pensado que o céu devia ser daquele jeito. Nunca imaginei que contemplaria aquela vista novamente, especialmente ao lado de minha família. Eu não tinha dúvida de que mamãe tinha contribuído para que isso acontecesse.

Eu não queria nem me lembrar de que a casa agora pertencia a outras pessoas, pois ela era uma parte importantíssima da história de minha família. Para mim, era muito estranho que os novos donos não tivessem tirado nada do lugar nem trocado nenhuma peça da mobília ou dos artefatos de cozinha — nem uma louça, nem uma cortina, nem uma peça da decoração. Até a vitrolinha que eu tinha na infância continuava no mesmo lugar. Para onde quer que olhasse, eu via os arroubos de minha mãe para decorá-la e pensava nela. Era como se mamãe estivesse ali!

Na primeira noite, dormi no mesmo quarto que minha sobrinha. Ela estava viciada naquelas maquininhas de fazer ondas artificiais e não conseguia dormir sem uma delas ao lado. Ela selecionou o som de "cachoeira", que para mim parecia concreto sendo raspado. No meio da noite, peguei meu cobertor e fui dormir na sala de estar. Exausta, acomodei-me no sofá.

Levantei a cabeça para me ajeitar melhor e foi então que vislumbrei, diante dos meus olhos, a imagem mais surpreendente da minha vida. Uma enorme Lua cheia de cor laranja vibrante pairava baixa no céu, posicionada bem no centro do lago. Fiquei hipnotizada pelo raio de luz da Lua iluminando essa cena magnífica em sua totalidade. Foi nesse momento que percebi a presença de mamãe ali comigo. Pedi a ela para me ajudar a cair no sono e então dormi como um bebê.

Do lado de fora da casa, havia floreiras embaixo de quase todas as janelas, além de muitos vasos de plantas espalhados pelas varandas e corredores. Em todas as floreiras e vasos da casa havia gerânios vermelhos! A flor preferida de mamãe, na cor de que ela mais gostava. Os novos proprietários haviam plantado gerânios vermelhos em todos os lugares! Um pouco antes de irmos embora, minha irmã tirou uma foto minha sentada próxima a um cesto de gerânios vermelhos e, tendo como fundo, uma belíssima vista do lago. Nesse momento, sei que mamãe presenciou nossas lágrimas.

A minha segunda consulta com Louise aconteceu dois anos depois. Assim como a primeira, ela foi bem instrutiva. Minha mãe apareceu rápida e inesperadamente, dizendo "Olá!", e então confirmou que estivera comigo e com papai "num lugar onde havia cor-de-rosa e cinza". Papai de fato tinha estado, pouco tempo antes, em minha casa, que é decorada predominantemente com tons de rosa e cinza! Então mamãe demonstrou estar preocupada com os pensamentos e medos de papai e o sentimento de vazio que ele cultivava com relação à própria morte.

Meu pai é agnóstico e não acredita em vida depois da morte. Mamãe pediu-me que começasse a prepará-lo para uma vida após a morte. Conhecendo papai, sabíamos como essa tarefa seria difícil. Mas ela me garantiu que bastariam algumas palavras para colocá-lo no caminho certo e facilitar sua transição.

A conversa continuou. Então Louise revelou algo que surpreendeu até a ela mesma: meu pai estava conversando comigo, no futuro, a partir do Outro Lado! Quero lembrar que, enquanto escrevo estas linhas, meu pai está absolutamente vivo em seu corpo. Foi muito estranho receber essa informação.

Ficou evidente que as informações que Louise estava captando de um tempo futuro e interpretando naquele momento procediam realmente de meu pai! As particularidades, pessoais e inconfundíveis, referiam-se a documentos assinados e negócios de família. Fiquei maravilhada com a seqüência temporal — ou devo dizer, com a falta de qualquer seqüência temporal! Louise sempre me lembra de que o tempo não é seqüencial como pensamos. Essa foi certamente a prova disso!

Louise achou graça de meu pai. Agora é ele quem implora para que eu lhe abra a mente e lhe dê perspectivas mais profundas e espirituais enquanto está ainda no corpo físico! No futuro — fazendo uma retrospectiva da vida dele a partir do Outro Lado —, ele estava extremamente frustrado por não ter aceito a maior parte das crenças que eu e mamãe sempre tivemos. Então ele me agradeceu pela nossa conversa sobre "dirigir". No presente, eu andava pensando em encontrar um jeito de lhe dizer que não seria prudente ele vir dirigindo da casa dele até a minha, um trajeto de oito horas! Ele expressava sua gratidão pela conversa sobre um assunto que eu nem sequer imaginava ainda como tratar com ele! Agora eu sei, portanto, como tocar no assunto. Não será uma proeza das mais fáceis.

Papai é piloto. No futuro — quando se comunicou comigo a partir do Outro Lado —, ele estava animado com o modo como se dava a comunicação no pós-morte. Descreveu-a como algo muito semelhante aos nossos radares. Assegurou-me de que manteria contato no futuro e disse a Louise que, em dada ocasião, eu estaria dirigindo quando perceberia — nitidamente — que ele estava ali comigo. Papai e eu adoramos dirigir. Por hora, pretendo apenas usufruir da companhia dele enquanto está aqui comigo. Não vou sair à caça dos "sinais" que Louise indicou. Eles serão revelados no momento certo. E também sei que mamãe e papai sempre estarão comigo.

Debra

GRANDE AMIGA E FUTURO FILHO

Até para mim foi difícil acreditar nas revelações que vieram à tona nesta consulta. Elas partiram do futuro e se confirmaram no presente. Tratou-se de uma demonstração surpreendente da natureza atemporal da nossa alma e da força dos laços profundos que nos mantêm ligados aos nossos amigos — além da barreira do tempo —, quando isso contribui para o desenvolvimento da nossa alma.

Judy trabalha de dia numa pequena fábrica de discos e toca numa banda formada de garotas, sempre que seu grupo se apresenta em Manhattan e nos arredores. Estávamos no ponto da consulta em que eu geralmente me demoro numa época futura para determinar o que haverá de novo e diferente para meus clientes nessa ocasião — até que ponto eles poderão se desenvolver espiritualmente. Num desses momentos futuros, eu a vi olhando para um gramado verdejante de aparência refinada.

O cenário se parecia muito mais com a parte da frente de uma mansão do que com um campo de golfe. Poderia se tratar do local onde sua banda estaria se apresentando; ou poderia ser a casa onde ela moraria. A impressão que eu tinha era a de que ela esperava pela chegada de alguém. Judy estava de pé no patamar de uma escada, com os olhos presos num carro que se aproximava lentamente pela passagem de carros.

Então um menininho apareceu no começo da escada, sorrindo para Judy. Senti como se ela estivesse olhando para o próprio filho. Ele subiu devagar um degrau de cada vez, indo em direção a ela. Enquanto ela o observava, captei seus pensamentos e os interpretei:

— Quando pensa nesse garotinho, você sabe que ele tem uma ligação direta com alguém que está do Outro Lado.

Isso não parecia fazer nenhum sentido no momento, por isso segui em outra direção, passando a descrever lembranças que ela guardava nessa época futura — a respeito do seu passado — e que poderiam esclarecer a mudança de padrões do seu presente.

Em seguida, fui transportada para outra ocasião futura. Desta vez, uma alma vinda do Outro Lado — alguém que Judy conhecera no corpo de uma mulher — queria confirmar algo para ela. A coisa toda parecia estar relacionada com um acordo ou uma decisão que tinha ocorrido antes da morte dela. Havia muitas informações que eu precisava pôr em ordem. Ao que parecia, essa alma viera por um simples propósito: confirmar que ela estava em contato com a amiga. Ao mesmo tempo, ela se apresentava como uma alma que tinha optado por ser seu filho. Ela tinha escolhido Judy como mãe!

Então eu passei a transmitir informações que estava recebendo a respeito das circunstâncias que a cercavam no momento presente.

Mencionei o nome Vicky, esclarecendo que se tratava de alguém que estava precisando muito da ajuda de Judy na ocasião. Ela confirmou que estava dando assistência a uma amiga gravemente doente.

Vicky era homossexual e, embora Judy, pouco tempo antes, tivesse fugido de casa com o noivo para se casar, ela achava que tinha se apaixonado por Vicky. Judy expressou o amor que sentia pela amiga, assim como a felicidade que sentia por ter se casado. Mas ela ainda estava confusa quanto ao forte sentimento que nutria por Vicky.

Judy contou-me que ela e Vicky haviam conversado sobre a possibilidade de voltarem a se encontrar um dia como mãe e filho. Vicky gostava do marido de Judy, um homem inteligente e muito agradável, tendo inclusive chegado a comentar que ele seria um ótimo pai.

Tudo indicava, portanto, que Vicky, gravemente enferma no tempo presente, estava comunicando a amiga, a partir do Outro Lado e de um tempo futuro, seus planos quanto a reencarnar como filho dela. A ocasião futura que eu descrevera a princípio para Judy, no início da sessão, parecia ser a manifestação desse plano na íntegra! O menininho que ela observava subindo as escadas era Vicky, sua querida amiga, que voltava.

COMO TORNAR-SE UM RECEPTOR: CRIE UM ESPAÇO SAGRADO

É importante que você reserve um espaço da sua casa para ser seu espaço particular. Nada impede que ele seja num canto de um cômodo. Coloque alguns objetos especiais nesse espaço e faça, se quiser, um altar ali. Esse será um lugar para rezar, meditar, escrever seu diário, rever e interpretar seus sonhos, ficar em silêncio consigo mesmo e voltar para o seu centro interior. Trata-se de um lugar onde você poderá restabelecer seu contato com a Fonte, render-se a ela, pedir para que lhe envie sinais claros e sentir o que é único e especial em você.

Sabe-se que B. F. Skinner, o pai da modificação do comportamento, só ficava sentado em sua escrivaninha enquanto estivesse em total concentração. Se seus pensamentos começassem a divagar, ele se retirava daquele ambiente.

Segundo os princípios do behaviorismo, os estímulos discriminativos são sugestões ambientais que se associam a determinados comportamentos. Por exemplo, a placa de um restaurante costuma ser relacionada, em nosso repertório de experiências, com o ato de comer. Qualquer placa ou anúncio de "restaurante" acabará ocasionando ou estimulando pensamentos sobre o ato de comer. Quando você se senta em silêncio, para meditar, no seu espaço sagrado, essa área acaba por favorecer e, finalmente, por inspirar serenidade — um lugar mais silencioso e profundo dentro de si mesmo.

───── EXPERIMENTE ISTO ─────

Escolha um local para ser seu espaço sagrado. Tire tudo o que se encontra nessa área, limpe-a e arrume-a da maneira que preferir. Coloque ali alguns detalhes bonitos, objetos coloridos e delicados. Dedique algum tempo à seleção dessa pequena coleção de preciosidades. Talvez você encontre uma foto sua quando criança, um objeto especial — uma concha que você tenha trazido da praia ou uma pedra que trouxe do campo, um trabalho criativo feito com suas próprias mãos, qualquer coisa que represente algo especial para você. Coloque tudo isso no seu espaço sagrado, sobre uma mesa pequena, uma banqueta ou prateleira. Esse será seu espaço, onde você prestará homenagens a si mesmo e voltará para seu lar interior.

CAPÍTULO CINCO

MISSÕES QUE CONTINUAM

*N*a "realidade consensual" — a visão de mundo geral e corriqueira que somos incentivados a adotar —, pode parecer que a vida começa com o nascimento e acaba com a morte. Se assim fosse, as intenções nobres, as paixões sinceras, o conhecimento adquirido, a sabedoria inata, a iluminação espiritual e os talentos concedidos por Deus também chegariam ao seu termo com a morte. A visão mais ampla que meu trabalho e meus talentos intuitivos me proporcionam, assim como um senso interior extremamente profundo são, para mim, a prova de que levamos tudo isso conosco quando deixamos para trás nosso corpo. Não são raras as vezes em que eu constato que uma missão anímica em curso pode nos servir de guia ao longo de muitas vidas, estejamos nós habitando um corpo físico ou não.

Em minhas consultas, deparo-me ocasionalmente com um testemunho dessas missões anímicas. Isso me deixa com a nítida impressão de que a evolução da nossa alma se dá num *continuum* atemporal, retomando de onde parou numa de nossas aventuras de vida para então, numa próxima, expandir, continuar e, às vezes, concluir uma missão.

Os exemplos apresentados a seguir demonstram a continuação de importantes missões — em franco progresso —, empreendidas por umas poucas almas que se encontram agora do Outro Lado.

O primeiro relato traz informações que foram transmitidas por todo um comitê de almas pertencentes ao Outro Lado! O segundo diz respeito às instruções enfáticas de um homem recém-falecido à sua mulher e filho, com relação à continuidade do seu trabalho como biólogo ambientalista. Contarei também sobre os contatos interdimensionais que tive com o estimado e internacionalmente aclamado Willis Harman, ex-presidente do Institute of Noetic Sciences e um homem cuja visão levou líderes espirituais e do mundo dos negócios, cientistas, filósofos e buscadores conscientes a questionar sua visão de mundo pragmática e científica e adotar uma perspectiva mais holística, unificada e espiritual. Finalmente, servirá como exemplo os laços estreitos que me unem a uma querida amiga, antes e depois da morte dela.

O COMITÊ DE COMEDIANTES

Eu olhava pela janela de um táxi, que corria pelas ruas da borbulhante e impaciente Manhattan. Era uma tarde do início de outono e eu me sentia ligeiramente ansiosa diante da perspectiva de me encontrar com Louise pela primeira vez. Eu sabia que ficaria mais tempo do que previra longe do meu agitadíssimo escritório num banco de investimentos, com a desculpa de que tinha uma consulta médica. Ou será que eu deveria ter dito ao meu chefe que tinha uma consulta com a minha conselheira espiritual sensitiva? Não, nessa época, eu ainda dava valor ao meu emprego.

Louise comunicou-me, durante a sessão, muitas introvisões que me fizeram pensar. No entanto, duas em particular alteraram radicalmente o curso da minha vida. Ela me perguntou se havia alguém em minha vida preparando-se para ir para o Outro Lado. A princípio, não me ocorreu ninguém. Ela indagou sobre um "S", e eu imediatamente pensei em meu amigo Sammy, que era um comediante dos velhos tempos do teatro de variedades. Ele já tinha mais de oitenta anos e sua saúde começava a declinar. Eu sabia que ela se referia a ele.

Louise me disse que ela estava passando para uma ocasião futura em que Sammy já tinha morrido e que a alma dele, dessa perspectiva privilegiada, queria me agradecer por tê-lo ajudado em sua transição.

— Ele está agradecendo por encorajá-lo a seguir para a Luz — disse Louise.

Fiquei ali sentada, sem saber muito bem o que pensar, e tentando imaginar o que deveria fazer.

— Esta não é a primeira vez que vocês se encontraram — continuou Louise. — Vocês já ajudaram um ao outro muitas vezes. Existe uma ligação verdadeiramente sincera entre vocês.

Fiz algumas perguntas a ela, sentindo-me um pouco pressionada por já ter um papel tão definido para mim no futuro. Louise me disse que eu simplesmente saberia quando procurar Sammy. Depois disso, ela passou a tratar de outros assuntos e mencionou que eu deveria pensar em desenvolver minha intuição e considerar a possibilidade de ser aluna dela. Essa foi uma sugestão fabulosa, embora eu não percebesse isso na época.

Nesse período da minha vida, eu sempre tinha a agenda lotada e não pensei muito no que Louise me disse. Alguns meses depois, meu marido e eu nos aproximávamos do nosso primeiro aniversário de casamento quando, sem pensar, sugeri que fôssemos visitar Sammy na casa de repouso onde ele vivia. Isso era algo que tínhamos feito juntos várias vezes e, embora a ocasião não parecesse apropriada, meu marido concordou gentilmente. Ele em geral me acompanhava nessas visitas apesar de ficar deprimido ao ver todas aquelas pessoas de idade enfrentando dificuldades na etapa final da vida. Desta vez, porém, ele perguntou se eu me importaria se ele ficasse do lado de fora, mexendo no motor de sua Van, enquanto eu fazia a visita. Já era quase noite quando me dirigi ao quarto de Sammy, que ficava na ala dos convalescentes.

Em todas as minhas visitas anteriores, o companheiro de quarto de Sammy fora uma presença permanente, embora silenciosa. A luz do crepúsculo, por entre as árvores, desenhava figuras no assoalho. Sammy estava sozinho e, ao que parecia, recebendo cuidados médicos. Seu estado alternava momentos de lucidez com outros de demência e dor. Tomei sua mão na minha e o lembrei do quanto ele havia significado para muitas pessoas, o quanto sua atuação no palco e suas piadas as tinham ajudado a esquecer o sofrimento por que muitas passavam, de que a vida dele realmente valera a pena e que agora era hora de seguir para a Luz.

Sammy era para mim a figura de um avô. As palavras de Louise não me ocorreram, pelo menos não conscientemente, enquanto eu tentava acalmá-lo, confortá-lo e guiá-lo para a Luz. Sammy gemia, parecia se ausentar por alguns instantes e depois voltava com um olhar lúcido e concentrado. Fico feliz por termos ficado sozinhos no momento dessa despedida. Num determinado instante, Sammy olhou para mim, para dentro de mim, com um olhar que exprimia empatia e amor puros. Eu simplesmente apertei sua mão na minha e disse que sabia que, no momento, ele se sentia confuso. Mas que aquilo seria temporário. Sua vida fora cheia de realizações e agora ele tinha que seguir para a Luz. Então ele olhou para mim e disse que me amava. Eu nunca senti um amor e um entendimento tão absolutos quanto na presença desse cavalheiro de 86 anos, no momento da sua morte.

Dois dias depois, Sammy morreu. Meus últimos momentos com ele foram extraordinários; inspiraram amor, compromisso e confiança em meu ser. Eu sabia que Louise tinha desempenhado um papel importante nessa interação. E sabia o que se esperava que eu fizesse, embora não tivesse isso em mente quando visitei Sammy. Tudo transcorreu naturalmente.

Uni minhas forças às de um amigo que tínhamos em comum e, seis semanas depois, fiz um tributo, na Broadway, ao gênio cômico de Sammy e ao seu espírito generoso. Deparamo-nos com numerosos obstáculos em nosso caminho e assumi um compromisso, do alto de meus quase trinta anos, com algo que estava além de mim mesma. Não se tratava de me formar na faculdade, nem de buscar o progresso pessoal, mas fazer um memorial a uma parte há muito esquecida, mas muito importante da herança cômica dos Estados Unidos. Juntamos o que originalmente eram dois curtas e coletâneas do trabalho de Sammy adaptado para filmagem e reunimos um grupo formidável de antigos comediantes para prestar homenagem a ele. O tributo foi feito num teatro histórico da Rua 42, onde ele ganhou fama na década de trinta.

Embora, para ser sincera, a falta de sono e o cansaço não me tenham deixado viver plenamente esse momento, é difícil descrever o que senti ao ouvir o som das risadas ecoando no velho teatro, com o trabalho de um comediante que fora, em sua maior parte, posto de lado e esquecido. Dei minha contribuição para que esse trabalho renascesse.

Louise mencionara uma ligação sincera entre Sammy e eu. Como fui, a vida inteira, uma intelectual, essa lealdade e amor inexplicáveis por esse palhaço esquecido deu uma guinada em minha vida. Depois do tributo, tornei-me uma ávida aluna de Louise, ao mesmo tempo em que trabalhei para desenvolver, em Nova York, um grupo sem fins lucrativos dedicado à preservação das tradições dos comediantes clássicos e à adaptação do trabalho desses artistas para os padrões modernos.

Nunca me sentira tão motivada e essa provou ser a época certa para desenvolver esse trabalho, pois eu já me sentia tentada a mergulhar na opulência coorporativa que me cercava. Eu me sentia numa corda bamba, tentando conciliar as duas esferas da minha vida, mas no fim tive que honrar meu caminho criativo e deixar meu emprego no banco.

Sammy viveu para fazer as pessoas rirem, para fazê-las esquecer, as misérias do dia-a-dia e sentir-se parte de uma comunidade, divertindo-se juntas com as fraquezas da natureza humana. Eu sabia que a vida não era só acumular dinheiro.

Meu aprendizado com Louise estimulou-me a confiar na minha intuição, na idéia de que tudo acontece a seu tempo e na sincronicidade que influencia tudo o que fazemos. Às vezes, as visões que ela tinha eram tão fantásticas e tão detalhadas que difícil era não acreditar que fossem verdadeiras. Eu descobri que, quando tentava interpretar essas visões com minha mente racional, eu sempre me equivocava. No entanto, certas coisas vinham a acontecer — geralmente saídas do nada — e acabavam por confirmar as previsões dela.

Mais de uma vez, Louise me ajudou a confiar nas minhas comunicações com Sammy, que tinha aparecido para mim em sonhos. Numa dessas vezes, ele estava me apresentando uma turma de comediantes — desconhecidos para mim —, os quais ele identificava mostrando uma inscrição com o nome deles logo abaixo de cada rosto.

Depois do tributo, Louise e eu começamos a trabalhar não apenas com Sammy mas com um comitê de comediantes famosos que já tinham falecido e queriam me ajudar a resgatar a comédia destinada a elevar o espírito humano em vez de denegri-lo. Os frutos desse trabalho, no futuro, se evidenciarão. Sou grata pelo trabalho que tenho feito com Louise. Minha visão da vida tornou-se muito mais ampla e abrangente.

Quando minha mãe morreu, pouco tempo atrás, devido a uma doença repentina, senti como se tivesse perdido uma grande amiga, mas não encarei sua morte como a tragédia de perder alguém para sempre. Senti imediatamente o amor e a presença dela e, na ocasião, entrei em contato com Louise para saber da possibilidade de escrever este trecho do meu depoimento. Muito embora eu não tivesse a intenção de perguntar algo sobre mamãe, Louise transmitiu-me algumas mensagens. Uma delas era para confirmar a comunicação que eu sentira entre minha mãe e eu e para dizer que eu receberia um sinal desse contato quando visse "a cor rosa sobre o meu ombro direito".

Nessa época, eu estava organizando o serviço religioso em memória de minha mãe e tomando providências para que ele ocorresse ao pôr-do-sol, em meio a balões rosa e brancos. Calculei que receberia o sinal nessa ocasião. Claro que isso não aconteceu. Porém, um dia depois da celebração, uma vizinha prestativa que aparecera para dirigir o serviço parou em nossa casa para deixar um vaso com pequenas rosas cor-de-rosa. Ela disse que eu talvez quisesse colocá-las no criado-mudo para servir como uma lembrança de mamãe.

Minha vida desde a morte dela se resumia a cumprir deveres e obrigações. Eu estava exausta, cansada demais para pensar no vaso de rosas. Nessa mesma noite, fui dormir cedo, mas fiquei na cama acordada, com vontade de falar com mamãe. Comecei a falar mentalmente "Você está aí? Está me ouvindo?", na tentativa de travar uma conversa com minha falecida mãe.

Depois de uns dez minutos, meu marido abriu a porta e, sem dizer palavra, colocou o vaso de flores cor-de-rosa na minha mesinha de cabeceira. Eu estivera deitada sobre o meu lado esquerdo, então me virei para ver o que ele fazia. Nesse momento entendi a previsão de Louise quanto à "cor rosa sobre o meu ombro direito", e meu corpo inteiro se arrepiou. Minha mente racional tinha previsto que essa "confirmação" ocorreria em outra situação, mas, como se descobre com a vida e com a intuição, essas bênçãos ocorrem em ocasiões realmente imprevisíveis e inesperadas.

Tracy

MENSAGENS DE WILLIS

Encontrei Willis Harman mais ou menos dez anos antes da morte dele. Na época, Greta, minha sobrinha, era diretora interina da World Business Academy, uma irmandade do Institute of Noetic Sciences. Willis era ex-presidente da IONS e um homem de visão muito estimado e conhecido por todos. Assim como sempre disse que faria, ele de fato construiu uma ponte entre o mundo da ciência (tendo se formado engenheiro em Stanford) e o mundo espiritual e esotérico.

Willis era uma espécie de avô para Greta. Ele a ajudou e aconselhou, principalmente na época em que ela trabalhava para a WBA. Quando ela deu a Willis uma cópia da fita introdutória que eu uso para preparar novos clientes, ele se mostrou interessado em me conhecer. Embora fosse extremamente ocupado, esse homem encantador sempre conseguia encontrar um tempo livre para aqueles a quem dava seu apoio e com quem se preocupava.

Cada vez que eu me encontrava com Willis, ele demonstrava seu apoio ao meu trabalho perguntando, com entusiasmo:

— E então? Como podemos trabalhar juntos?

Nós não chegamos a esboçar um plano, mas nunca esquecerei a atitude que tinha comigo e a confiança inesgotável que demonstrava pelo meu trabalho.

Poucos meses depois da morte dele, eu estava andando pela Sixth Avenue, em Manhattan, quando, de repente, ali estava ele! A imagem de Willis apareceu na minha frente, surpreendendo-me!

— Agora podemos trabalhar juntos! — ele anunciou.

Comunicou-me — telepaticamente — mensagens para Charlene, sua mulher, e para Violet, sua ex-assistente. Passei as mensagens por fax, para ambas.

Willis continuou a "trabalhar junto" comigo uma vez ou outra, nos últimos anos. Sua segunda aparição aconteceu numa noite em que eu voltava para o meu quarto de hotel, depois de uma palestra no Learning Exchange de Sacramento. Resolvi dar uma olhada no meu correio eletrônico, antes de me jogar na cama. Aquele fora um dia cheio.

Havia um *e-mail* de uma senhora que eu não conhecia. Ela se apresentava como uma velha amiga de Willis. Aparentemente, ela e a viúva dele estavam em Seattle nessa época, comemorando o aniversário dela. Charlene tinha mostrado interesse e admiração pela mensagem de Willis que eu lhe transmitira. Ambas queriam saber se, no momento, eu poderia lhes mandar outra mensagem dele. Ai, meu Deus, pensei comigo. Eu estava tão cansada. No entanto, não precisei esperar muito para perceber a presença de Willis, bem ali na minha frente. Os pensamentos dele se ligaram com a minha freqüência e eu os captei com nitidez, por meio de imagens. Rapidamente, digitei a mensagem que recebera dele. Ele queria que ambas soubessem que ele estava ali com elas. Ele ria do cheiro acre de fumaça, do crepúsculo matizado de rosa e de um rododendro vermelho. Ele também sabia a respeito de um banco especial. Nada disso fez sentido para mim, embora informações para outras pessoas raramente façam.

Na manhã seguinte, havia uma resposta da mulher de Seattle, com respeito à mensagem de Willis:

— Na mosca! — escreveu ela. — Você acertou em cheio! Estávamos sentadas na varanda para ver um lindo pôr-do-sol cor-de-rosa. Nossos aperitivos estavam sobre um banquinho feito na terra natal de Willis. Mas não conseguimos ver o pôr-do-sol porque a chaminé da casa ao lado tinha ido pelos ares, espalhando uma fumaça malcheirosa por todo lado. Charlene estava sentada em frente a um rododendro vermelho!

Numa outra ocasião, durante minha viagem anual a Londres, eu estava fazendo uma consulta com um cliente da Índia. Na primeira vez que ele e a mulher haviam se consultado comigo, eles moravam na Suíça. Depois disso, voltaram a me ver algumas vezes em Londres ou quando acontecia de viajarem à cidade de Nova York. Nesse meio tempo, o casal se mudou para Londres. Numa das sessões desse meu cliente, eu estava sintonizando várias questões com referência a ele, quando ali estava ele outra vez! Willis!

— Você conheceu Willis? — perguntei. Nem me passava pela cabeça que ele e Willis pudessem ter se conhecido.

— Sim, eu o conheci muito bem. E tinha um grande respeito por ele — respondeu meu cliente.

— Pois bem, Willis quer que você saiba que "o sonho que você tinha tornou-se realidade"! Ele está me mostrando a cena de um lugar nas montanhas, onde as pessoas se reunirão, líderes do mundo inteiro. Homens e mulheres de visão. Há bosques e tapeçarias de lã vermelha nas paredes desse lugar do futuro.

— Você sabe do que Willis está falando? — perguntei, ainda impressionada com a sincronicidade.

— Sei. Uma vez fui o anfitrião de um retiro em minha vila, no sul da França. Willis e outros "futuristas" estavam presentes. Fizemos uma meditação em que visualizávamos o futuro dos nossos sonhos. Três de nós visualizamos o mesmo futuro, em detalhes! É disso que Willis está falando.

Numa outra oportunidade, Willis intrometeu-se numa conversa telefônica que eu travava com um colega que fazia um documentário sobre a morte e o ato de morrer. Willis disse para essa pessoa mandar seu projeto para a IONS, se quisesse conseguir patrocínio. Ele fez isso e a resposta foi afirmativa.

Willis entrou numa outra conversa telefônica nesse mesmo ano, para mostrar sua estima e dar seu apoio a uma colega de trabalho — cliente minha — a quem ele lamentara não ter demonstrado sua admiração, na época em trabalharam juntos.

— Na época, eu estava preso ao jeito tradicional e machista de fazer negócios, e dava ênfase ao racional. Você deu um apoio e ajuda inestimáveis ao nosso trabalho, quando isso era de fato necessário!

Minha cliente ficou profundamente tocada.

Parece-me, portanto, que, ao expressar seu desejo de "trabalharmos juntos", Willis tinha uma idéia interior e atemporal da nossa capacidade para fazer isso algum dia. Eu só não fazia idéia de que ele faria sua parte quando já estivesse do Outro Lado.

A LEMBRANÇA DE MICHAEL

Ouvi uma importante mensagem telefônica, um pouco antes de sair para dar uma caminhada pela Sixth Avenue, em Manhattan. Foi nessa mesma tarde que Willis Harman apareceu de repente com sua mensagem. A voz disse: "Sabemos que você gosta de Michael. Não sabemos se você está a par de que ele se mudou para a região da baía e está com câncer no estômago." A ligação era de alguém da escola de Newport Beach, Califórnia, onde meus filhos haviam estudado do jardim-de-infância ao colegial.

Meus pensamentos retrocederam até uma das épocas mais desafiadoras da minha vida, um período que alguns podem chamar de "a noite escura da alma". Meus filhos estavam passando por uma fase difícil — reagindo aos efeitos do meu divórcio — e circunstâncias de força maior fizeram com que eu passasse a ter a guarda deles e me tornasse pai e mãe ao mesmo tempo.

Eu realmente não sabia se teria força suficiente para enfrentar aquela situação. Render-me à Fonte, nos momentos mais sombrios, foi o que me impediu de entrar em parafuso, além de agraciar-me com sincronicidades significativas. Muitas vezes, essa era a minha única prova de que Deus não tinha me esquecido, de que eu não estava sozinha e havia de fato alguém que velava por mim. Fora isso, eu só estava viva porque me lembrava de respirar, ouvia as músicas de George Winston — que me ajudaram a me livrar de alguns medos (aceitando-os) — e tinha alguns poucos amigos muito especiais.

Um desses amigos era Michael, um professor da quarta série que meu filho adorava. Lembro-me de ter pensado um dia, "Como um *gay* pode ter tanta sensibilidade?!" É, as circunstâncias às vezes me levam a ser cínica. De fato, Michael deu a Dylan, melhor do que ninguém, toda atenção, afeto e compaixão de que ele tanto precisava.

Michael serviu para Dylan como uma afetuosa figura de autoridade, que encontrou o equilíbrio perfeito entre severidade e carinhoso incentivo. Dylan sentava em sua carteira e passava o tempo todo transformando os mais diversos materiais escolares em invenções excêntricas. Não foi nada fácil para Michael descrever para mim, com um ar sério, o dia em que Dylan fez com que a classe toda parasse de prestar atenção na aula e se encantasse com um "vagão" de montanha-russa que ele fizera com cartões de fichário e que corria ao longo de trilhos feitos de clipes de papel — para cima, para baixo e fazendo curvas, num elaborado trajeto.

Em algumas ocasiões, Michael chegou a levar Dylan a uma lanchonete na praia para comerem hambúrgueres no píer, quando ele sentia que Dylan precisava de um amigo. Michael também abriu mão do seu tempo quando eu precisei de alguém com quem desabafar, mas ele sempre manteve uma postura profissional e por isso mesmo muito mais eficaz. Eu não tivera nenhuma notícia de Michael desde que me mudara para o sul da Califórnia com meus filhos.

Quando voltei da minha caminhada, decidi ligar para o número deixado na secretária. A pessoa com quem Michael morava atendeu ao telefone e disse que ele não estava se sentindo bem, por isso pediu que eu voltasse a ligar em uma hora, quando ela tentaria ajudar Michael a se levantar para conversar comigo. Foi o que fiz.

— Michael! — exclamei — É tão bom poder falar com você. Sei que está prestes a começar sua próxima jornada.

— Estou — disse ele com uma voz muito fraca. — Acho que, talvez, amanhã.

— Michael, você consegue sentir a presença de sua mãe perto de você?

— Às vezes acho que sim, mas não tenho certeza — respondeu.

— Ela está aí com você, Michael, e estará lá também para ajudá-lo. Ela está rindo ao se lembrar dos... pestinhas? — disse eu sem saber o que aquilo significava.

— Ah! — lembrou ele com uma risadinha. — Era como ela chamava os filhos da vizinha.

— Michael — eu disse —, espero que nesse período de doença você tenha recebido todo afeto que demonstrou tão generosamente por pessoas como eu e Dylan. Você foi tão gentil. Nós de fato sentimos o seu amor. Por favor, lembre-se de que não há nada, absolutamente nada, a temer. Você irá para a Luz e sentirá um amor que nunca sentiu antes.

— Obrigado — ele disse.

— Michael, eu amo você.

Desliguei e caí no choro. Não é comum que isso aconteça. Foi um bom lembrete do que a maioria dos meus clientes sentem quando telefonam para mim ou sentam na minha frente.

No dia seguinte, havia outra mensagem na secretária. Mais uma vez, era da escola. Ouvi a voz de Judy, uma das professoras. De origem inglesa, ela faz o tipo durona, trata as crianças com severidade, mas é tão apreciada pelos pais quanto pelos alunos — depois que estes saem da escola. Meus filhos nunca foram alunos de Judy, mas ela estava sempre atenta a eles. Ela passou a ser uma grande amiga e, como eu, tinha grande admiração por Michael.

Na minha secretária, ela deixou o seguinte recado: "Louise, só queríamos avisá-la de que telefonamos para a casa de Michael ontem. Por acaso, foi logo depois do seu telefonema. O parceiro de Michael contou como ele ficou contente por você ter ligado. Pelo que parece, depois que desligaram, ele voltou para a cama e não acordou mais."

Fiquei atônita. Tentei me lembrar do sentimento — que agora eu chamo de laço do coração —, que tive no dia anterior quando falei com Michael. Era um sentimento muito particular e bem parecido, na freqüência e natureza, com o que eu sentira por ele dez anos antes.

Três dias depois, voltei a ter o mesmo sentimento, exatamente igual. Mas, desta vez, Michael apareceu de repente! Tinha uma aparência atraente, saudável e serena, um sorriso radiante no rosto. Ele acenava para mim e dizia: "Obrigado! Consegui!"

Eu mal pude acreditar. Aquele mesmo sentimento. Igualzinho ao que eu sentira há dez anos e há três dias. Era como uma encenação teatral do que significava ter uma ligação eterna com outra pessoa. Sem dúvida alguma, tratava-se de uma ligação que partia do coração.

Meses depois, eu estava jantando com Dylan, que agora mora no Brooklyn e trabalha em Manhattan. Nessa ocasião, meu filho se debatia com uma grande decisão em sua vida. De repente, minha atenção foi desviada por uma presença ao lado dele. Minha atenção não costuma se desviar desse jeito quando estou no meu "horário de folga". Logo ficou claro quem era: Michael! Ele ainda zelava por Dylan, como um guia. Michael sorriu para mim e piscou, dizendo — telepaticamente — "Ele vai ficar bem".

COMO TORNAR-SE UM RECEPTOR: PRESTE ATENÇÃO AOS SEUS SONHOS

No começo deste capítulo, contei que Tracy recebeu a confirmação de que ela entrava em contato com uma amiga querida por meio dos sonhos. Na condição de pessoa desperta, você perceberá que vive ao mesmo tempo em vários níveis de consciência diferentes. Seu espírito eterno habita o corpo físico que lhe permite se locomover neste estágio da vida, e seu eu egóico define o caráter que você assumiu. Seu "corpo de luz" viaja para dentro e para fora da experiência e do envoltório físicos. São muitos os propósitos desse corpo, que se beneficia de tudo que aprende nas outras dimensões. Nessas viagens, você já se encontrou com almas que habitam o Outro Lado. Às vezes, você sente que estão visitando juntos um determinado lugar. Ou talvez apenas desperte com uma clara (ou mesmo pálida) lembrança de que estiveram juntos ou travaram uma conversa.

Um dos melhores meios para ajudá-lo a se expandir é ouvir o inconsciente. Você pode fazer isso prestando atenção aos seus sonhos. Como já mencionei, é por meio dos sonhos que o subconsciente representa para você o que seu coração lembra, mas sua mente descartou por meio da racionalização. Edgar Cayce, "o Profeta Adormecido", um renomado sensitivo e professor, recebia suas informações relacionadas à cura enquanto dormia. Ele era capaz de manter-se num estado de percepção consciente e inconsciente ao mesmo tempo. Eis aqui algumas das suas idéias sobre as vantagens de trabalhar com os sonhos:

- "Qualquer coisa que você queira saber pode ser descoberta, sem nenhum risco, por meio dos sonhos."
- "Os sonhos não são meras informações, são experiências realmente transformadoras."
- "Nada que seja significativo para a nossa vida ocorre sem que antes tenha sido previsto em nosso mundo onírico."
- "O sonho só é compreendido quando aplicado."

Fico encantada com o modo como meus sonhos me ajudam a entender melhor as questões que processo ao longo da minha vida, questões para as quais as situações e fatos que cruzam meu caminho servem como catalisadores. Às vezes, estou me debatendo com um determinado tema que se repete, mas meus sonhos me mostram algo bem diferente e me abrem para possibilidades de cura mais amplas. A interpretação dos sonhos é divertida e fascinante. Nosso inconsciente adora fazer trocadilhos e nos proporciona imagens e símbolos que transcendem o tempo. Ele nos leva de volta ao passado, revelando e confirmando que certos eventos — e reações emocionais por eles provocadas — de fato aconteceram. As necessidades do seu eu-criança precisam dessa confirmação. Esse é o único jeito de fazer você confiar no que está sentindo no presente. E você precisa saber confiar nos sentimentos para começar a confiar na intuição.

Já notei que me lembro dos meus sonhos com mais nitidez quando estou na estrada, viajando a trabalho. Tenho a impressão de que isso acontece porque nessas ocasiões acordo num ambiente físico diferente, que não é o da minha casa. Os sinais familiares para os quais estou normalmente atenta, em casa, remetem-me tão prontamente ao dia que tenho pela frente — lembrando-me da minha vida e dos compromissos que me esperam —, que minha atenção se desvia muito antes de eu conseguir "captar" o sonho. É preciso prática e um compromisso consciente até que possamos nos dar tempo para acordar mais devagar, ficar em ponto morto e registrar o sonho.

Se, no momento em que acorda, você se der ao trabalho de parar alguns minutos para registrar o sonho, isso o ajudará a cultivar um novo hábito. É preciso praticar, pois quanto mais tempo você dedica à tarefa de se lembrar dos sonhos, mais fácil será recuperá-los e mais nítidas serão essas lembranças. Uma amiga minha escreveu um bilhete para as "fadas dos sonhos" uma noite e colocou-o debaixo do travesseiro. Nesse bilhete, ela pedia para encontrar uma solução para uma questão com a qual se debatia na época. Essa atitude ajuda a programar o nosso subconsciente com a sugestão de que somos nós que nos lembramos dos nossos sonhos e isso nos deixa receptivos a esses sonhos e lembranças.

EXPERIMENTE ISTO

Faça um diário onde você possa tomar nota das ocasiões em que seus entes queridos falecidos aparecem em seus sonhos. Qual a aparência deles? Vocês estão em algum local em particular? Trata-se do tempo presente ou do passado? Vocês estão conversando ou você simplesmente "sabe" que eles estão ali? Eles se comunicam por símbolos ou por meio de palavras? Eles lhe mostram uma lembrança do passado ou lhe transmitem uma mensagem? Tente se lembrar no que você estava pensando, nessas ocasiões, um pouco antes de cair no sono. Consegue reconhecer algum padrão? Escreva uma carta descrevendo essas visitas a si mesmo.

Esta noite, escreva uma nota para as suas fadas dos sonhos, pedindo uma solução ou visão mais clara acerca de algum aspecto da sua vida. Ou peça simplesmente que "lhe seja mostrado" o que você precisa saber. (Não se esqueça de acrescentar a palavra "por favor"!) Se você pedir para receber a visita de um ente querido que já morreu, não esqueça do que eles sempre nos aconselham: "Deixe que seus últimos pensamentos antes de dormir sejam de gratidão. Eles abrirão seu coração e criarão a freqüência que facilitará a nossa comunicação." Esses pensamentos criarão os laços do coração.

Deixe um caderno ou um gravador perto da cama para poder registrar seu sonho no momento em que acordar. Presenteie-se com os primeiros cinco minutos de tranqüilidade do seu dia e fique na cama tentando se lembrar dos sonhos, antes de se entregar à agitação do dia-a-dia.

CAPÍTULO SEIS

ACORDOS ENTRE ALMAS

O s acordos entre almas são travados entre pessoas ou grupos, antes de reencarnarem na Terra. Como muitos desses "planos" são feitos a partir da perspectiva ampla que temos quando ainda estamos em espírito, a maioria de nós os esquece assim que encarna no corpo físico novamente e passa a viver na Terra, tirando o maior proveito possível das próprias capacidades.

Eu tenho o privilégio e a vantagem de ver a vida dos meus clientes de um ponto de vista muito mais amplo. Essa minha perspectiva pode ajudá-los a entender por que estão nas circunstâncias em que se encontram, e a ter uma visão do seu significado e propósito. A vida de algumas pessoas lhes reserva o que consideram um destino ultrajante e ingrato. Pelo visor da minha clarividência, posso ver um plano perfeito, cuja incrível configuração permite que a alma leve adiante a missão que escolheu.

Somos ensinados a ver a vida nesta dimensão de um ponto de vista limitado e linear. Dessa perspectiva, achamos que a vida está nos trapaceando ao levar embora nossos entes queridos "antes do tempo". Mas, quando conseguimos olhar os fatos de uma perspectiva mais ampla, percebemos que eles se foram no momento em que deviam ir. Já perdi a conta do número de consultas em que recebi informações de que a morte de um ente querido aconteceu "dentro do previsto", apesar do choque, do sofrimento e do pesar que causou aos que ficaram.

Às vezes eu me deparo com um tipo de "pacto" feito entre grupos de almas que concordaram em voltar juntas para concluir um assunto não-resolvido ou para empreender esta jornada juntas e ajudar umas às outras em seu desenvolvimento espiritual. As histórias a seguir são exemplos desses acordos entre almas. A primeira inclui uma profunda analogia referente à nossa visão equivocada da morte. A segunda diz respeito a um bairro inteiro. A terceira relata o belíssimo desenrolar dos fatos nas últimas horas de vida da mãe de uma cliente, que nos levou a suspeitar da existência de um acordo preestabelecido.

TRANCADA DO LADO DE FORA

A nossa experiência de vida ocorre dentro do espaço-tempo. Nossa relação normal ou costumeira com o tempo é linear e seqüencial; os fatos acontecem um de cada vez, um após o outro. Nós nos relacionamos com nosso mundo em termos da nossa fisicalidade — nosso eu encarnado num corpo físico —, do "lugar" em que estamos, da nossa localização física.

O mesmo não acontece do Outro Lado, além desta dimensão —, ao contrário do que somos levados a acreditar. A maioria de nós aprendeu que, depois da morte, vamos para algum lugar — que em geral subentendemos que seja o céu (lá em cima) ou o inferno (lá embaixo).

Na minha opinião, é essa idéia — de que vamos para um outro lugar quando deixamos o corpo físico — que provoca tamanho sentimento de perda quando um ente querido morre. Se não estão "mortos" de fato, mesmo tendo sido enterrados, então eles têm de estar em algum "lugar", muito longe daqui.

A nova consciência emergente sobre a morte do corpo inclui a noção de que, quando morremos, simplesmente fazemos nossa transição para um "espaço" ou dimensão extrafísica; em outras palavras, nós anulamos as premissas físicas. A passagem do mundo "real" para o mundo do espírito é meio parecida com o trabalho de edição feito no computador. Você coloca a janela em primeiro plano ou a deixa em segundo. Assim você pode consultar várias camadas de gráficos e informações.

Quando eu "sintonizo" a freqüência dos entes queridos, eles aparecem instantaneamente; basta um pensamento e ei-los ali. Eles simplesmente "se apresentam" e eu dou continuidade ao trabalho. Ajustamos as nossas freqüências para melhorar a recepção, assim como fazemos com o rádio. Eu sempre faço esse ajuste de freqüência também com meus clientes, estejam eles numa consulta ou conversando comigo de qualquer lugar do mundo. A nossa energia também é "não-localizada". Com mais simplicidade do que as tecnologias de comunicação modernas nos permitem enviar (e receber) sinais eletrônicos pelo mundo afora, nossos campos de energia podem enviar (e receber) freqüências de qualquer lugar desta dimensão física — e de qualquer lugar da dimensão extrafísica.

A história a seguir chama a nossa atenção para a idéia descabida que temos de que nossos entes queridos falecidos estão em algum lugar longe daqui. Nosso trabalho em conjunto ajudou minha cliente a entender que os laços de amor que ela tinha com a filha permitiram que elas fizessem muitas coisas juntas, ao longo de numerosas encarnações.

Meu primeiro contato com Bárbara foi há muitos anos, logo depois que ela perdeu a filha de seis anos de idade, que morreu em decorrência de um tumor no cérebro. Kate apresentou-se prontamente na consulta inicial de Bárbara, banhada numa luz belíssima e com a aparência da garotinha cuja morte a mãe ainda chorava.

Kate parecia radiante e feliz. Assim como faz a maioria dos espíritos, ela começou mostrando-me cenas das ocasiões, depois de sua morte, em que ela entrara em contato com a mãe. Isso explicou a intuição que Bárbara tivera algumas vezes de que Kate estava por perto.

Kate disse que ela e a mãe já tinham vivido juntas e chorado a morte uma da outra em muitas vidas. Ela me mostrou cenas em que aparecia como uma anciã, numa vida em que tinha sido mãe de Bárbara; depois, vestindo um uniforme militar, quando as duas tinham lutado juntas numa guerra, ambas num corpo masculino. Por fim, mostrou-me cenas de uma vida monástica e extremamente religiosa que as duas passaram num convento.

— É nesta vida — esclareceu Kate — que estamos pondo em prática as verdades espirituais que viemos aprender aqui e apoiar uma na outra.

Kate estava muito satisfeita pelo fato de sua "morte" ter tocado tantas pessoas e tê-las feito despertar.

Ela disse a Bárbara que era esse mesmo o plano e que ela estava orgulhosa da mãe pela maravilhosa influência que ela exerceria sobre outras pessoas no futuro, ajudando-as a superar o medo da morte. Kate mostrou-se sensível ao sofrimento da mãe e alertou-a de que, quando ela conseguisse superar a dor, as duas iam passar a se comunicar de "uma forma diferente".

Na época em que Bárbara se consultou comigo pela última vez, ela recebia mensagens claras de Kate toda manhã, durante o banho. Sua intenção era publicar essas mensagens em forma de livro. Foi nessa última consulta que Kate enviou uma mensagem tocante: ela me mostrou a cena de uma menininha no quintal de casa. A porta dos fundos tinha trancado e ela ficara para fora.

— Você nunca deixou Kate nessa situação, deixou? — perguntei a Bárbara.

— Não. Quem ficou nessa situação fui eu, quando pequena.

— Ah! — disse eu, fazendo uma pausa. — Kate parece saber disso. Ela está dizendo: "É assim que NÓS nos sentimos quando VOCÊS acham que ESTAMOS MORTOS!"

Essa foi uma forma bem visual de nos lembrar como são falsas as idéias que temos sobre a "morte". Eles não foram para nenhum lugar lá em cima ou lá embaixo, nem deixaram nada para trás. Sua família e amigos só deixaram de desfrutar de sua presença física. Eles apenas passaram para a dimensão extrafísica, como todos nós faremos um dia. Eles não estão — nem nunca estarão — mortos e enterrados. Assim como acontecerá conosco um dia, basta pensar neles para tê-los de volta.

A CARAVANA

Falei pela primeira vez com Louise depois da morte da minha grande amiga e vizinha, Chelsea. Meu marido conhecera Louise muitos anos antes e, por alguma razão, eu achei que ela tinha alguma coisa importante para me comunicar, depois da experiência traumática que a morte de Chelsea representou para mim. Telefonei para Louise e descobri que ela, de fato, tinha muito que me falar sobre o que tinha acontecido na época da morte de Chelsea e sobre meu relacionamento com ela.

Eu estava com Chelsea quando ela morreu. Éramos vizinhas de porta e tínhamos feito amizade dez meses antes, quando compramos duas casas vizinhas e nos mudamos na mesma época. Chelsea ficou doente em junho de 1995 e eu fiquei preocupada com a saúde dela. Cinco dias depois, eu a levei de volta para a clínica perto de casa, onde ela havia se tratado dias antes. Não foi preciso mais do que seis horas para Chelsea deixar este mundo, no esplendor dos seus trinta anos. Essa morte súbita e inexplicável chocou a mim e a todos que conheciam Chelsea, especialmente nossos vizinhos que acompanharam sua doença e sua morte.

A primeira coisa que Louise me contou foi que eu estava retribuindo um favor que Chelsea me fizera em outra vida. Pelo que pude entender, eu tinha morrido nos braços dela nessa vida, quando viajávamos juntas pelo país. Chelsea tinha mensagens para mim e para outras pessoas e as comunicou por meio de Louise. Mas o mais importante é que ela tinha seguido para a Luz e que as nossas preces a tinham ajudado a fazer sua transição.

Preocupada com o marido e com a filha de dois anos, ela me confiou informações sobre como a filha poderia entrar em contato com ela agora que não estava mais no corpo físico. Enquanto estivera encarnada, Chelsea adorava seu jardim e suas belas flores. Parece que ela estava em seu jardim celestial agora, sentindo-se em paz e velando por aqueles que ainda estavam no corpo físico, ajudando-os, como um anjo, quando estavam em necessidade.

Depois que tive minha primeira consulta com Louise pelo telefone, tivemos a satisfação de recebê-la em nossa casa para conversar com alguns de nossos vizinhos. Muitos dos moradores da nossa rua se consultaram com Louise e ela descobriu que formávamos um "grupo anímico". Já tínhamos nos encontrado em outras vidas e havíamos nos reunido novamente nesta para fazer um trabalho especial relacionado à iluminação espiritual.

Na noite em que se deu nossa sessão em grupo, Louise transmitiu mensagens de Chelsea e ocorreram alguns fatos notáveis. Ela conseguiu falar e reproduzir os gestos de nossa falecida amiga de um jeito que nos fez ter certeza de que ela estava realmente presente na sala, na forma espiritual. Louise também disse que Chelsea estava usando um vestido de veludo preto e prendera o cabelo, especialmente para se comunicar conosco. Bob, o marido de Chelsea, e eu ficamos chocados. Seis meses antes, ela e Bob tinham posado para uma foto em frente à lareira, antes de irem para a festa de Natal na empresa dele. Ela usava um vestido preto e tinha feito um penteado especial para a ocasião.

A ligação interior do nosso grupo era impressionante. Fomos capazes de identificar alguns dos papéis que representamos dentro do grupo, nessas vidas passadas. Achamos notável que Louise tivesse nos visto numa vida anterior, passada na época dos pioneiros, atravessando o país em caravana.

O círculo de carroças que costumávamos fazer nessa época, ao armar acampamento, tinha um formato de ferradura semelhante ao da rua em que agora morávamos. Essa informação era mais um indício de que nosso grupo já tinha se encontrado em outras vidas e, com a proximidade e amizade que mantínhamos, poderíamos nos ligar e sentir uns aos outros num nível profundamente "anímico".

A visão clara que obtivemos com a extraordinária experiência da morte de Chelsea serviu como um chamado de despertar para muitas pessoas que a conheciam bem e especialmente para as pessoas que moravam na nossa rua. Nossa vida mudou para sempre, desde o dia em que Chelsea deixou o plano físico. Mas, com o passar do tempo, conseguimos entender melhor o jogo da vida — e a ilusão que é a nossa vida aqui no mundo da matéria. As mensagens de Chelsea nos possibilitaram essa compreensão e foi Louise quem primeiro decodificou-as para nós.

Heather Kelly

PARTICIPAÇÃO NO PROCESSO

Perder minha mãe foi uma das experiências mais devastadoras da minha vida. Nenhum outro acontecimento me causou a dor pungente e o vazio que invadiram meu coração e ainda me fazem chorar, quando falo sobre essa experiência. Eu achei que nunca iria superar essa perda.

Dois meses depois da morte dela, tive a oportunidade de me consultar com Louise Hauck. Como eu esperava, Louise entrou em contato com minha mãe, que se mostrou animada por poder me dizer que ela estava passando por tudo que eu lhe antecipara antes da morte. Algum tempo antes, eu havia lido para ela vários livros que transcreviam diálogos entre pessoas que já tinham morrido e outras que ainda estavam no corpo físico.

Minha mãe não acreditava em nada. Foi só nessa consulta com Louise que eu vim a saber que esses livros a tinham impressionado e servido como uma abertura para a jornada que ela empreenderia.

— Os laços significam algo para você? — perguntou-me Louise.

— Sua mãe está me mostrando um laço e querendo agradecer a você!

Explodi em lágrimas na mesma hora, ao descobrir que era mesmo a minha mãe quem estava falando.

Quando mamãe faleceu, eu desenhei, produzi e mandei para parentes e amigos oitenta cartões de homenagem a ela. Em cada um deles, amarrei uma fita de cetim. Desde os oito anos eu fazia cartões para minha mãe e ela guardara todos eles. Eu detestava a impessoalidade dos cartões que as casas funerárias costumavam mandar e achei que ela merecia uma homenagem mais pessoal e afetuosa.

Minha mãe continuou a falar comigo por meio de Louise. Ela me agradeceu pela luz que eu lhe mandara, em seu quarto, na noite em que morreu. Contou-me que essa luz abrira um espaço para espíritos amorosos, que puderam ajudá-la a passar para o Outro Lado. Eu estava boquiaberta. Nenhuma outra pessoa além de mamãe poderia saber disso.

Eu não contara a ninguém o que fizera, nem mesmo à minha irmã, que estava comigo no quarto de hospital nessa mesma noite. Minha irmã e eu ficamos de vigília no hospital desde o dia em que minha mãe foi internada. Conforme ela pedira, os médicos não lhe colocaram a máscara de oxigênio nem a ligaram a nenhum aparelho que pudesse prolongar sua vida artificialmente. Quando estávamos indo para casa dormir um pouco, minha irmã pegou o prontuário que estava aos pés da cama de mamãe.

Ela notou que as enfermeiras haviam registrado um batimento cardíaco irregular. Isso foi suficiente para que mudássemos nossos planos e pedíssemos aos funcionários do hospital duas poltronas onde poderíamos passar a noite. Nós nos acomodamos e minha irmã pegou um livro enquanto eu meditava em silêncio. Foi então que eu fiz uma prece para que mamãe pudesse morrer em paz. Eu estava a poucos centímetros dela e pensei em esticar o braço e acariciar seus cabelos, mas no mesmo instante interrompi o gesto, sabendo instintivamente que ela tentaria ficar conosco se eu fizesse isso. E eu sabia que ela queria partir.

Sentindo como se eu tivesse sendo guiada, visualizei uma luz brilhante vindo diretamente de Deus e entrando pelo topo da minha cabeça. Nessa luz, infundi todo o amor que eu sentia pela minha mãe. Então, mentalizando um raio que saía de mim e chegava até ela, eu a envolvi com meu amor. Era uma luz de brilho esverdeado, como um raio *laser*. Transmitindo meus pensamentos através desse raio, eu disse a ela que poderia partir; nós ficaríamos bem.

De repente minha irmã olhou para mim com um sorriso nos lábios e nós duas sentimos uma inexplicável onda de alegria. Antes que pudéssemos dizer qualquer coisa, viramos para mamãe e percebemos que ela tinha partido. Por um momento ficamos ali paralisadas, depois levantamos, a beijamos e nos abraçamos, antes de sair do quarto e avisar as enfermeiras de que ela havia morrido.

Num átimo, Louise me trouxe de volta esses momentos, por meio das palavras de mamãe. Foi então que eu entendi com precisão o que acontecera naquela noite. Eu fizera mais do que uma prece, mais do que uma meditação. Tratou-se, na verdade, de uma comunhão de amor entre nós que estávamos no corpo e aqueles que estavam em espírito. Foi uma invocação a Deus e aos espíritos amorosos, que esperavam para entrar naquele espaço e fazer com que mamãe fizesse uma transição mais suave.

Louise continuou a sessão, perguntando se eu queria saber o que minha mãe fazia no momento. Assenti com a cabeça e ela começou a descrever um corredor iluminado, que lembrava uma escola, onde uma porta se abriu e espíritos perguntaram a minha mãe se ela gostaria de entrar e se juntar a eles.

Louise perguntou-me se mamãe costumava se ver com demasiada modéstia. Mais uma vez assenti. Ela então continuou, dizendo que, quando os espíritos pediram que mamãe se juntasse a eles, ela sentiu um amor e uma aceitação tão grandes da parte deles que ficou certa de que eles estavam enganados; não era possível que estivessem falando com ela.

Por meio de Louise, mamãe continuou descrevendo os jardins tranqüilos onde ela se sentou para contemplar a paisagem e outras salas de aula em que ela aprendeu o verdadeiro significado do amor. Ela estava aprendendo a se amar outra vez. Mamãe contou que estava muito entusiasmada de poder tomar parte nessa comunicação entre as duas dimensões e que eu não deveria vê-la como uma pessoa doente e sofrendo dores. Ela já tinha superado tudo isso.

Disse-me que não se arrependia de nada. Foi a partir dessa pequena afirmação, de que não tinha arrependimentos, que eu comecei a engendrar uma nova forma de me lembrar dela, de me comunicar com ela e de encarar minha própria morte quando o momento chegasse. Por meio de Louise e das mensagens de minha mãe, encontrei uma forma de superar a tristeza e de estreitar os laços de amor que haviam nos aproximado tanto nesta vida. Agora eu estou determinada a aproveitar tudo isso para ajudar outras pessoas que temem a morte.

Minha mãe disse que voltaríamos a trabalhar juntas. E aqui estamos nós, juntas, contando como foi a morte dela, com a esperança de que isso possa mudar, ao menos um pouco, o modo como as pessoas transcendem o medo e a tristeza e chegam à consciência gloriosa de que a vida do espírito é eterna.

CJ Conner

COMO TORNAR-SE UM RECEPTOR: MEDITE

Foi só por meio da meditação que CJ foi capaz de receber a orientação — a resposta para as suas preces — que lhe permitiu facilitar a transição da mãe. Você precisa aquietar sua mente ativa para poder ouvir as mensagens que serão transmitidas a você e à pessoa "em transição". Isto é, precisa chegar num nível de percepção e entendimento que o fará transcender sua compreensão da dimensão física, que aos nossos olhos parece linear.

Existem à venda excelentes fitas de meditação que podem guiar você através de um roteiro sensorial e imagético ou de métodos que propõem a repetição de uma palavra especial, chamada mantra. Quando você volta toda a sua atenção para essa palavra, sua mente é obrigada a deixar de lado os devaneios que o impedem de chegar num nível mais profundo e sereno. Isso é como dar uma "banana" a um "macaco tagarela" (sua mente).

Os efeitos da meditação são cumulativos. Vinte minutos por dia é o ideal. Chegará um momento em que você transcenderá o burburinho mental e atingirá uma quietude silenciosa onde poderá repousar, ter introvisões num nível mais profundo ou passar pela experiência de uma consciência expandida, onde tudo é conhecido e você sente sua ligação com tudo que existe. Eu já estou num ponto em que consigo chegar instantaneamente "lá" ao meditar. Eu chamo esse "lugar" de "quartel-general". Depois de trinta minutos, volto dali revigorada e refeita, em geral com uma visão mais clara das coisas e com novas introvisões.

Cada um de nós encontra seu próprio jeito de se alimentar dessa fonte, pedindo a ela que nos mostre tudo o que for preciso para o nosso bem e nos deixando abertos para novas formas de "ver" e de sentir.

═══════════════ **EXPERIMENTE ISTO** ═══════════════

Tire o telefone do gancho. Desligue o aparelho de fax, o telefone celular e o computador. Vá para um lugar sossegado, que seja, de preferência, seu espaço sagrado. Sente-se confortavelmente, com os pés apoiados no chão, as mãos no colo e as palmas viradas para cima (uma postura receptiva). Imagine-se cercado de Luz. Respire profundamente, inspirando devagar e sentindo os pulmões se encherem de ar. Então expire lentamente. Agora, espreguice-se — esticando os braços, as pernas e os pés — e expanda sua caixa torácica. Abra e feche a boca, estique o pescoço e faça um movimento circular com a cabeça.

Agora relaxe, lentamente, da cabeça aos pés. Procure perceber que partes do corpo estão tensas. Dirija suavemente a atenção para esses pontos e então relaxe-os, desprendendo a tensão delicadamente.

Agora procure deixar a coluna reta e relaxada. Respire profundamente outra vez, inspirando devagar. Agora expire lentamente, deixando desta vez que todas as crenças que o restringem, todos os pensamentos negativos ou preocupações deixem você, saindo junto com o ar dos pulmões. Continue sentado em silêncio. Pense na palavra "coração", "paz", "amor" ou outra qualquer que signifique algo para você. Deixe simplesmente que essa palavra paire em sua mente, sem fazer nenhum esforço para isso, e a repita mentalmente devagar e com suavidade.

Note quando seus pensamentos desviarem sua atenção da palavra. Talvez eles a levem a se concentrar nas coisas que tem para fazer ao longo do dia. Volte novamente a atenção para a palavra, repetindo-a bem devagar. Continue a observar os pensamentos que o distraem e então volte a se concentrar na palavra, repetindo-a sem que seja preciso se esforçar para isso. Faça isso por vinte minutos diariamente, durante uma semana. E, se possível, sempre no mesmo horário, que será seu horário de meditação. Se fizer isso, você se sentirá mais sereno. Notará que, à medida que fica mais relaxado e centrado, passará a ter mais tempo para realizar as tarefas do dia. E você ficará mais presente a cada momento.

CAPÍTULO SETE

OS CÉTICOS

Sempre me perguntam se existem pessoas para as quais eu não consigo transmitir nenhuma mensagem. Embora eu sempre receba alguma informação, existem dois tipos de consulta que me deixam realmente frustrada. O primeiro tipo são as consultas com pessoas muito racionais, que só conseguem pensar de maneira lógica e literal. Essas pessoas são incapazes de entender a interpretação de símbolos e imagens. Por exemplo, uma vez durante uma consulta, eu estava descrevendo a infância de um homem que se consultava comigo.

— Vejo que havia uma tia Rose que fazia geléia de framboesa — eu disse.

Aquela era uma informação importante, porque meu cliente tinha sido abandonado pelos pais em tenra idade e fora criado por sua tia Rose. Aparentando perplexidade, ele respondeu:

— Acho que todo mundo deve ter uma tia Rose que faz geléia de framboesa, não é?

Aquela era a única forma pela qual ele conseguia entender como eu podia conhecer esse dado do seu passado.

O segundo tipo de consulta que me deixa frustrada é a que diz respeito a clientes que têm uma expectativa muito bem definida sobre o que esperam ouvir na consulta. Em geral aparentando extremo ceticismo, a determinação que eles têm para me testar — e para ouvir o que querem ouvir como prova — impede que ouçam todas as informações que eu tento interpretar para eles. É por esse motivo que eu insisto para que voltem uma outra vez e ouçam a fita em que eu registro a sessão. Com a fita, eles geralmente ouvem mensagens significativas ou evidências que lhes parecem verdadeiras, mas que não conseguiram perceber durante a consulta. Além disso, algumas das informações só fazem sentido — ou são reveladas — muito depois da época da consulta.

A história a seguir é um ótimo exemplo desses dois casos: uma pessoa racional e cética, que tinha expectativas predeterminadas. Cada vez que ouvia a fita depois da sessão, ela se condenava, perguntando-se como pôde ter deixado de reconhecer informações tão detalhadas e importantes, durante a consulta. Ela então marcava um novo encontro e prometia a si mesma: "Desta vez vou ficar de bico fechado!"

COCÔ DE BONECO DE NEVE

Depois de algumas sessões, minha cliente começou a perceber — e levar em conta — um tipo novo e muito diferente de "sentir" que circundava sua mente sempre ocupada. Ela começou a ficar mais à vontade diante do sentimento que começava a minar seu raciocínio lógico. Começou a entender como eu vejo imagens e símbolos e meus esforços para interpretá-los da melhor maneira. Nessa altura, ela já estava se tornando uma verdadeira aprendiz e ia muito bem em nossas sessões periódicas pelo telefone. Já percorrera um longo caminho desde o nosso primeiro encontro.

Nessa nossa primeira consulta, só uma vez ela não respondeu com um "Tudo bem, mas será que isso não acontece com todo mundo?" e outras coisas do gênero. Depois de reconhecer Denny, o marido dela, que falecera pouco tempo antes, eu disse:

— Ele está me mostrando algo que parece uma pulseira com um berloque ou uma corrente de pescoço com algo pendurado nela.

— Tudo bem, mas acho que a maioria das mulheres deve ter uma corrente com um pingente, não é?

— Será que, para você, não há nada de especial com relação ao que está pendurado na corrente?

— *Bem, sim...*

— *Então, é exatamente disso que estamos falando.*

— *Mas o que Denny está dizendo sobre ele? É algo muito específico... se você pudesse...*

— *Tudo bem —* respondi, exasperada. — *Acredite ou não, nem todo mundo tem uma pulseira com um berloque ou um pingente pendurado numa corrente. Ele está tentando, por todos os meios, dar a você alguns detalhes e eu só estou tentando interpretar, tudo bem? Existe algum berloque que signifique algo para você?*

— *Bem, na verdade, sim! Foi um presente de Natal que ele me deu, um mês antes de morrer. Eu tinha um berloque de uma cabana pendurado numa corrente. No berloque estava gravado: "Lar é onde VOCÊ está." Eu o pendurei na corrente porque estávamos sendo obrigados a vender nossa casa para pagar um tratamento alternativo que o seguro saúde não cobria. Eu queria que ele soubesse que eu não me importava. Que era ELE que importava. Então, depois que ele morreu, eu coloquei a aliança de casamento dele na minha corrente e passei a usá-la desde então.*

— *Assim que você disse "berloque" eu soube que tinha de ser ele —* contou-me ela depois. — *Mas eu queria que você me desse todos os detalhes, mais do que ELE estava mostrando a VOCÊ. ELE sabia o quanto o berloque deveria significar, e significou, para mim, mas ainda assim eu queria testar você. Eu ainda não estava totalmente convencida de que você fosse capaz de me transmitir apenas o que ele estava transmitindo a você!*

Nessa mesma consulta, perguntei mais tarde se ela tinha um porão em casa. Ela confirmou. Eu disse então que estava vendo um animal descendo as escadas.

— *Isso aconteceu hoje de manhã! Nossa cachorra quebrou o portãozinho que fica no alto da escada. Ela sofreu uma cirurgia recentemente e não pode descer ou subir escadas. O computador de Denny fica lá embaixo. E eu a encontrei olhando para ele.*

Ela estava me parecendo bem mais receptiva. Então continuou:

— *Eu não sei a senha do computador!*

— *Ele está dizendo que é "da cabana".*

— *É —* concordou ela. — *Talvez seja um anagrama da palavra "cabana"! Acho que ele fez isso uma vez!*

A sessão seguinte começou com Denny mostrando-me uma cena em que ele estava atrás da mulher, que digitava no computador. Parecia que ele cochichava algo no ouvido dela. Ele estava rindo.

— Claro! — ela exclamou, animada. — Descobri a senha! Tentei a palavra cabana, mas algo me disse para trocar as letras do meio. Essa era a senha! Consegui!

Eu ri, satisfeita com o jeito como tudo acabou se encaixando.

— Era Denny que estava ali com você. Ele estava lhe dizendo a senha!

Essa história também demonstra que, às vezes, quando achamos que precisamos pedir perdão a alguém, somos nós que precisamos nos perdoar. Trata-se também de um exemplo encantador do zelo que um ente querido — mesmo estando do Outro Lado — pode ter conosco, ajudando-nos a superar com mais facilidade a dor da separação.

Meu amado marido, Denny, soube que estava com câncer na véspera de Natal de 1997. Desde outubro, ele vinha sentindo, diariamente, fortes dores na região dos seios nasais. O médico lhe receitou antibióticos e, no Dia de Ação de Graças, ele tinha perdido a voz. Sua maravilhosa voz. Como o médico insistia em dizer que se tratava de uma sinusite, eu marquei uma consulta com um otorrino. Este fez uma broncoscopia, mas só tirou um raio X quando nós solicitamos. Foi então que o tumor foi descoberto e "deram" ao meu marido dois anos de vida.

Em janeiro de 1998, Denny estava muito doente, totalmente sem energia. Em junho, ele tinha melhorado bastante, ganhado peso e estava se sentindo muito bem. Fizemos várias viagens rápidas, durante o verão, e nos divertimos muito. A voz dele já estava quase voltando ao normal.

Então, em outubro, as dores de cabeça começaram outra vez. Ele morreu no dia 25 de janeiro de 1999 e eu fiquei arrasada! Embora os médicos tivessem avisado que Denny era um paciente terminal, nós achávamos que ele conseguiria vencer a doença. Sua morte, portanto, foi um tremendo choque. Vivêramos juntos por 27 anos. Eu não tinha nenhuma vontade de continuar vivendo sem ele ao meu lado, mas não pensava em suicídio. Eu achava que, se me matasse, isso só serviria para me fazer voltar e viver tudo outra vez. Não, eu sabia que teria de ficar no corpo físico e acabar o que eu tinha vindo fazer aqui. Só não sabia como. Para piorar as coisas, eu sentia que Denny morrera zangado comigo. Três semanas depois da morte dele, eu entrei em contato com Louise e marquei uma consulta. Não disse nada sobre a morte de Denny, esperando para ver o que ela me diria. Ela começou dando-me uma visão panorâmica da minha vida — concentrou-se num determinado ponto dela e dali passou a revelar coisas que tinham acontecido antes e depois dessa data. Se fosse em outra época, eu teria adorado receber esse tipo de informação, mas na ocasião tudo o que eu queria era que ela falasse de Denny.

Para testá-la, evitei de lhe dar qualquer informação que pudesse ajudá-la. Eu estava completamente cética, embora o que mais quisesse era entrar em contato com Denny e fazer logo "as pazes" com ele. Eu precisava saber se estava tudo bem, se ele estava em paz e feliz. Eu tinha quase certeza de que ele estava, mas queria ouvir isso dele.

Durante essa primeira sessão, eu "aproveitei" muito pouco as informações que Louise me transmitiu. Ficava entusiasmada com tudo que ela me dizia, mas depois me perguntava por que ela não me transmitia uma determinada informação ou não a interpretava da forma certa. Será mais fácil entender do que estou falando se eu transcrever um trecho da sessão, no qual Denny aparece. O interessante é que, um pouco antes, enquanto Louise fazia a progressão, ela disse que eu precisava corrigir uma tendência para me culpar por tudo.

Louise: Você perdeu um amigo?
Darsi: Acabei de perder meu marido.
L: Certo, seu marido está aqui. Há um "D" e um "R" em torno dele.
D. É. (chorando)
L: Dick, Richard ou o quê?
D: Dennis Robert.
L: Ah, aqui está ele! D-R, certo?
D: Certo.
L: Tudo bem, não me espanta que eu tenha dito, quando começamos, que você estava arrependida e com receio de voltar ao passado.

D: Aconteceu há apenas três semanas. Foi por isso que eu marquei a consulta.

L: Certo, tudo bem, por isso eu quis que você me passasse alguns dados básicos para eu poder ter uma visão de conjunto e saber o que você tem pela frente e os problemas por que vem passando.

D: Muito do que você disse, quando falou sobre a minha vida — na progressão —, dá a impressão de que estou sempre repetindo os mesmos temas, condensados na minha vida com ele!

L: Certo, sua vida com ele, ótimo. Tudo bem.

D: É interessante, porque você não nos conhece e mesmo assim estava aqui falando da nossa vida.

L: Bem, eu sabia que havia alguém do Outro Lado querendo se comunicar.

D: Ai, Deus, eu espero que sim!

L: Ah, tem, sim! Foi por isso que eu vi o D-R. Bem, então eu quero estabelecer algumas premissas. É muito bom que você possa ver tudo o que eu estou dizendo sobre os seus desafios na vida dentro do contexto do seu casamento. Ele é como um microcosmo da sua vida em geral, não é?

D: Sim, exatamente.

L: Certo, agora ele está dizendo que...

D: É ele mesmo? Você está em contato com ele?

L: Bem, de onde você acha que eu tirei o D-R?

D: Bem, pode ser da minha mente.

L: Não, ele está aqui!

D: Eu queria... eu esperava... porque eu achei que talvez ele estivesse louco comigo quando morreu. (soluços)

L: Não, não, não, não.

D: .. e por isso eu queria entrar em contato com ele.

L: Não, não, não. Ele quer dar a você exemplos das ocasiões em que esteve ao seu lado, para ajudá-la a confiar nessas sensações.

D: Ah, que bom...

L: Denny está me passando o aroma de rosas — isso faz sentido?

D: Bem, sim, uma amiga trouxe um buquê de rosas no dia em que ele morreu.

L: Okay. Ele quer que você saiba que ele estava bem ali, ao seu lado.

D: Ah, meu Deus... (Mas por dentro eu estava pensando que essa informação poderia servir para qualquer pessoa!)

L: Veja, nossos entes queridos não estão distantes, em algum lugar...

D: Eu acredito nisso, Louise... Eu sei... Li, faz pouco tempo, um livro em que as pessoas entravam em contato com seus entes queridos e pensei: "Eu quero entrar em contato com Denny, para saber se ele ainda está zangado comigo, se ele realmente sabe o quanto eu o amo." Ele está bem? É isso que eu preciso saber.

L: Bem, é para lhe esclarecer essas coisas que ele está aqui...

D: Ele não está louco comigo?

L: Não!

D: Nas últimas horas, ele ficou louco comigo. Eu queria que ele soubesse que eu sinto muito...

L: Não, não. Tudo o que ele vê é a vida que vocês viveram juntos e...

D: Eu estava contando com isso. Eu tinha um palpite do que ele faria e sei que ele não se importaria com algo tão banal...

L: Tudo bem, agora deixe-me dizer uma coisa... O que você tem que resolver com relação a essas últimas horas — aquilo de que você tem medo — representa uma outra coisa que está se repetindo há muito tempo na sua vida. Eu sinto que a sua culpa com relação à morte de Denny é uma reminiscência de algo da sua infância.

D: Como assim? Porque eu...

L: Espere! Deixe-me terminar! Você estava junto ao leito de morte da sua mãe ou da sua avó? Alguém ficou zangado com você um pouco antes de morrer?

D: Minha avó. Veja, eu era só uma criança e queria passar a noite na casa de uma amiga. Ela disse "NÃO!" Mas eu fui assim mesmo.

L: Então, é isso que Denny quer ajudá-la a ver! Essa garotinha dentro de você está projetando toda a culpa que sentiu com relação à avó. Denny está dizendo: "Isso não tem nada a ver conosco."

D: Mas, como não? Porque eu...

L: Isso aconteceu outra vez para que fosse dramatizada na sua frente a culpa que você carrega e precisa...

D: Mas eu não... quer dizer...

L: Deixe-me acabar. Todo esse cenário com Denny foi montado para favorecer o seu desenvolvimento. Para deixar mais evidente um fardo que você carregou a vida inteira. Isso faz com que você não confie em si mesma e ache mais difícil confiar nos outros. O Universo está tentando ajudá-la a se curar.

Eu tenho uma amiga que estava cuidando da mãe, vítima da gripe de Hong Kong. Ela saiu do quarto por um instante para pegar alguma coisa para a mãe e esta morreu justo na hora em que a filha não estava no quarto. Esse incidente desencadeou uma tendência acentuada de co-dependência — um forte sentimento de que ela tem o dever de salvar todo mundo. E essa tendência dificultou a vida dela durante anos. Ela ficava apavorada só de pensar em deixar alguém que estivesse sofrendo ou precisando de ajuda. Essa pessoa poderia morrer! Anos depois, ela percebeu essa tendência numa terapia. Essa descoberta a ajudou a despertar e a ficar mais atenta ao estabelecer "fronteiras" pessoais para si mesma.

Pois bem, Denny quer que você saiba que esse seu medo diante da raiva de alguém à beira da morte está mais relacionado a você e à sua avó do que a vocês dois. Ele só quer que você saiba disso.

Agora, ele está me mostrando outras cenas. Uma em que você está olhando para uma foto dele e falando com ele. Ele está dizendo que ouviu tudo o que você disse.

D: Oh, eu fiz isso mesmo...! Olhei bem nos olhos dele...

(Mais uma vez eu fiquei em dúvida, mesmo sentindo que aquilo era verdade. Minha mente não parava de martelar: "Mas qualquer pessoa poderia ter passado por essa situação... Eu queria que ela fosse mais específica...")

L: Ok, é disso que ele está falando; está dizendo: "Estou aqui; ouço tudo o que você me diz."

D: Eu queria entrar em contato com ele...

L: Mas é por isso que ele está fazendo isto aqui hoje; está lhe dando exemplos das ocasiões em que ele estava com você e querendo ajudá-la a confiar nas sensações.

D: Ai, eu espero que isso seja verdade; poderia ser...mas por que ele partiu?

(Eu ainda questionava isso, pois achava que eu poderia ou deveria ter feito mais por ele.)

L: Agora, ele está me mostrando mais algumas lembranças. Está aparecendo algo, uma coisa redonda e branca, como uma bola de beisebol, ou marshmallows. Isso a faz lembrar alguma coisa? Alguma recordação? Eu nunca sei se se trata de uma mensagem ou de uma lembrança.

D: Bem, há bolas de algodão, mas não sei por que ele estaria mostrando isso.

(Eu queria uma confirmação mais específica, a verdade era essa, mas não percebi isso naquele momento!)

L: Não há nenhuma lembrança relacionada com marshmallows derretidos no fogo ou ....

D: Bem, sim, mas qualquer um que...

L: Não necessariamente. Veja, essa é a sua mente intervindo, tentando interpretar isso de forma racional.

D: Bem, derretemos marshmallows na lareira uma vez, mas...

(Eu não queria acreditar naquilo logo de cara, era muito genérico, embora fizesse sentido, pois nós acendíamos a lareira freqüentemente e muitas vezes derretíamos marshmallow ali. O que me ocorreu mais tarde, depois da sessão, foi algo bem específico a respeito de marshmallows: um mês antes da morte de Denny, fomos a uma feira de artesanato e compramos uma lembrança bem-humorada; era um saquinho cheio de marshmallows com um cartão que dizia: "Você tem sido muito mau / Negar isso você não se atreve / por isso tudo o que vai ganhar / É cocô de boneco de neve!" É incrível que eu estivesse tão presa à minha mente racional que não consegui me lembrar disso na hora da consulta.)

L: Você tem alguma lembrança de estar tentando pôr uma gravata ou um cachecol em torno do pescoço de alguém?
D: Não, não me lembro de nada...
L: Você gosta de usar cachecol?
D: Não.
L: Você o ajudava a pôr a gravata?
D: Não.
L: Talvez você se lembre mais tarde; é algo sobre uma coisa sendo colocada em volta do pescoço, enrolada no pescoço de alguém.

(Pedi por detalhes e esse foi mais um que ela me deu! Mas eu só captei a coisa toda mais tarde. Eu ainda estava preocupada com a maneira como Louise recebia as informações, como ela tentava interpretá-las. Não consegui me lembrar de nada com relação a essa cena. Eu tinha tricotado um cachecol para Dennis em 1975 e, até um mês antes de morrer, ele ainda o usava!)

L: Há uma lembrança relacionada a uma roda — com raios?
D: Não.

(Sim havia! Foi um acontecimento quando descobrimos que Denny tinha melhorado tanto que conseguia andar de bicicleta.)

L: Ele costumava ter dores de cabeça?
D: Ele tinha um pouco...
L: ... e quando ficou doente, havia algo na cabeça dele?
D: Bem, não...
L: Ele está falando de quando ele reclamava que a cabeça parecia estar num torno. Ele costumava...
D: Bem, sim! Ele costumava ter dores de cabeça. Claro, a sinusite fazia parte da... foi como tudo começou.

(Finalmente, eu captei a mensagem! Eu estava tão fixada na idéia de que ele morrera de câncer nos pulmões — o que eu esperava que ela me dissesse —, que quase não me lembrei das dores de cabeça. Ele sofria tanto com elas! Eram a pior parte para ele.)

L: Certo, é disso que ele está falando.

D: É, começou com a sinusite e com as terríveis dores de cabeça, todos os dias — é verdade!

L: Ele está dizendo que é muito bom ter se livrado delas, estar fora do corpo; e está dizendo também que as suas preces o ajudaram a seguir para a Luz. Que às vezes é difícil chegar até você porque você está sendo muito dura consigo mesma e sua mente está tentando entender onde ele está. Mas seu coração sabe.

D: Eu acredito que ele esteja aqui. Não é que...

L: Ele só quer ajudar você a confiar no seu coração. Ele está me mostrando algo relacionado com cenouras.

D: Oh, sim! Litros e mais litros de suco de cenoura.

(Era um tratamento diário. Além disso nós dávamos cenouras para os nosso cães, como petisco.)

L: Ele está rindo disso.

D: Ele está feliz mesmo? Sente minha falta? Por que ele partiu? Não poderia ter ficado um pouco mais? Por que morreu tão jovem?

(Nesse ponto, eu ainda estou me lamentando, pois achava que poderia ou deveria ter feito mais do que fiz. O que Louise dissera a meu respeito estava certo, eu estava sempre tentando ser tudo para todo mundo. Eu não conseguia me livrar do sentimento de que, se eu, de alguma forma, tivesse me esforçado mais, Denny não teria morrido de câncer.)

L: Denny está dizendo que a missão dele era curta — ele prestou serviço militar?

D: Só por um tempo bem curto...

L: Bem, ele está usando isso como exemplo. Está me mostrando uma imagem dele num uniforme, mas dizendo simbolicamente que tinha uma missão curta nesta vida. Já era hora de voltar para a "prancheta de desenhos".

D: Então ele acabou o que veio fazer aqui?

L: Acabou. E está dizendo que não conseguiu ser quem ele queria ser espiritualmente. Está dizendo que você o conhecerá de outro jeito quando ele voltar, um dia. Não agora. Será algo relacionado ao jeito como uma criança segurará sua mão. Denny está dizendo: "Você me reconhecerá." Ele sabe que você conseguirá reconhecê-lo. Não haverá como errar. Ele também espera usar mais a criatividade que é a energia divina se expressando — e está dizendo que você realmente tentou ajudá-lo a se abrir mais para uma parte nova, mais sensível dele mesmo. Ele se esforçará mais, da próxima vez.

Agora Denny está me mostrando uma árvore de Natal, ou alguma coisa no topo da árvore. Você tem alguma lembrança ou se lembra de alguma piada em torno disso?

D: Não.

(Eu deixei de perceber outra mensagem excelente aqui, pois fiquei achando que se tratava de uma piada ou algo engraçado. Não, não era uma piada, mas uma lembrança maravilhosa. Uma vez, Denny e uma coruja se comunicaram por trinta minutos, perto da nossa cabana. A coruja estava empoleirada no alto de um pinheiro, bem ao lado da cabana, e começou a piar. Denny imitou a coruja e eles piaram um para o outro por trinta minutos, a coruja olhando direto para ele. Foi maravilhoso.)

L: Vou continuar. Você pode pensar nisso mais tarde. Agora apareceu algo relacionado a abrir um guarda-louça e algo cair dali?

D: É isso mesmo! Aconteceu muitas vezes um pouco antes da morte dele.

L: Alguém chamado Arthur ou Art?

D: Sim!

L: E ele tem sido muito prestativo?

D: Tem.

L: Certo, então Denny está dizendo: "Abra-se para o amor que está à sua volta. Eu estou aqui. E pare de se atormentar por causa dos últimos momentos e de se sentir responsável por tudo o que aconteceu."

D: Ele foi feliz comigo? Eu fui uma megera? Ai, droga, lá vem meu lado criança de novo... Você sabe, parte de mim me vê fazendo isso e eu sei que é irracional, mas eu ainda tenho esse sentimento de que, se tivesse sido mais carinhosa e compreensiva e TUDO MAIS...

L: Darsi, isso é simplesmente o que você precisa curar em si mesma, portanto, se abra para a Fonte e diga: "Mostre-me o que eu preciso saber; me dê sinais; me guie! E não se esqueça de acrescentar "Mostre-me de maneira clara e suave!"

D: Então Denny está bem e pronto para fazer alguma coisa?

L: Está, ele está tendo aulas. Ele sempre teve um certo fascínio pelas estrelas, pelo céu estrelado...?

D: Oh, sim, ele tinha!

L: Ele está dizendo que agora pode aprender sobre isso e também sobre outras dimensões e galáxias.

D: Oh, isso me deixa feliz!

(Denny e eu costumávamos ter conversas maravilhosas sobre esses assuntos e passávamos muito tempo, na cabana, olhando para o céu noturno.)

L: Ele está fascinado com isso tudo e está dizendo "Uma estrela no céu..." Às vezes, você vê uma estrela no céu e fala para ele?

D: É, falo...

L: Ele mais uma vez está dizendo que está bem aqui ao seu lado. Mas, quando você conseguir sentir menos saudade do corpo físico dele, quando sentir que está superando a dor, isso não significará que o está traindo ou abandonando-o. Ele está dizendo — como as almas sempre dizem —: "Quando você sentir menos falta do meu eu físico, vai começar a conhecer meu eu eterno."

Eu agora consigo acreditar que não havia realmente nada que eu pudesse fazer para mudar alguma coisa. Chegou a hora de Denny. E, claro, é doloroso para mim ficar sem ele, sem a vida que tínhamos juntos. Mas está tudo bem agora, pois eu sei que ainda estamos ligados. Sei que está tudo bem com ele e que ainda existe amor entre nós. Agora eu estou conseguindo confiar mais nessa ligação com meu amado marido e pedir à Fonte/Deus para me orientar.

Graças às sessões com Louise, eu me lembrei de que eu e Denny tínhamos de fato uma "missão" quando encarnamos no mundo físico. Talvez tenhamos conseguido fazer o que era esperado. Existe uma razão para essa perda dolorosa. Quando eu voltar para "casa" com Denny, vou ficar feliz de ter agüentado até o fim e feito o melhor que podia!

Agora que participo do programa de aprendizes de Louise por telefone, estou começando a me abrir para as minhas capacidades intuitivas e a confiar mais nelas. Eu estou surpresa comigo mesma! Nunca me dei nenhum crédito. Ver os resultados desse trabalho me dá muita esperança.

Darsi Vanatta

INSTRUÇÕES DE UM BIÓLOGO AMBIENTALISTA

Eu sou um fiel defensor do pensamento científico. Ao longo de toda a minha vida, minhas crenças filosóficas basearam-se na idéia de que só os fenômenos observáveis deveriam ser aceitos como fato. A maioria das disciplinas científicas é calcada no acúmulo ou na interpretação de dados empíricos ou físicos. Por isso, a idéia de uma vida após a morte ou da existência do espírito não me parecia provável, se não impossível, pois está além do reino das evidências físicas. Meu encontro com Louise, no entanto, começou a abrir minha mente para uma nova linha de raciocínio. Esse raciocínio torna possível, pelo menos para mim, usar certos princípios científicos básicos para explicar a possível continuação da energia espiritual. Meu ponto de vista mudou radicalmente, depois da consulta com Louise.

O encontro com ela não foi algo que eu mesmo tenha procurado, pois sempre fui muito cético com relação a essas coisas de natureza sobrenatural. Minha mãe tinha ouvido falar de Louise por intermédio de uma colega de trabalho. Esta achou que uma experiência dessa natureza poderia ajudar a diminuir a dor que mamãe sentia com a morte do meu pai, ainda no auge das suas forças. Não tinha nem passado pela cabeça de minha mãe contar-me que ela estava pensando em procurar Louise, mas nós sempre fomos muito próximos e, com o tempo, sempre acabávamos contando tudo um para o outro. Eu a incentivei a ir, pois estava louco para que ela encontrasse algo que amenizasse a sua dor. Eu também insisti em levá-la, pois sabia que essa consulta mexeria muito com ela e eu não queria que estivesse sozinha. Eu continuava cético (embora confesso que um pouco curioso) e decidi que esperaria do lado de fora enquanto ela se consultava com Louise.

Quando a consulta começou, Louise convenceu-me a entrar, dizendo que a consulta era o preâmbulo de um processo que me ajudaria a entender a experiência pela qual minha mãe passaria nesse dia. Ela se apresentou e falou do seu dom, contando também as experiências de alguns dos seus clientes. Nada do que ela disse coincidia com minhas noções preconcebidas do universo, e eu comecei a me sentir pouco à vontade. Ainda tentando interpretar o papel de cientista de mente aberta e de bom filho, deixei que Louise me persuadisse a ficar.

O que aconteceu em seguida foi surpreendente. Louise logo parou de falar do meu pai para perguntar à mamãe se a mãe dela era falecida. De fato, minha avó já tinha morrido há muitos anos. Louise disse que minha avó estava ali, com a mão no ombro de minha mãe. O que me deixou mais surpreso foi a descrição que Louise fez de minha avó. Ela a viu com um avental que podia muito bem ser o avental com o qual eu via minha avó nas lembranças que guardava dela: um avental que minha mãe tem até hoje. Louise perguntou se minha avó gostava de assar bolos e biscoitos. Bem, todas as crianças da família a conheciam como a Vovó dos Biscoitos e tinham prazer em visitá-la graças aos quitutes maravilhosos que ela fazia no forno. É claro que essas eram características comuns a muitas avós da geração dela, mas Louise sem dúvida alguma tinha conseguido atrair meu interesse.

Embora eu estivesse ansioso e para relegar todas essas informações ao mero acaso, as ligações não pararam por aí. Curiosamente, Louise descreveu imagens da vida que mamãe e eu levávamos depois da morte de papai. Louise viu imagens de alguém endireitando uma foto, outra de uma foto pendurada num espelho e outra ainda de um jardim cultivado recentemente em homenagem a papai. Antes de virmos para a consulta com Louise, nessa manhã, uma foto de papai caíra sem nenhum motivo, forçando minha mãe a recolocá-la no lugar e aumentando ainda mais seu sofrimento. Eu tinha acabado de prestar uma homenagem silenciosa a papai, diante de um retrato dele, pendurado no espelho da sala de jantar. Minha mãe também tinha cultivado um novo jardim e o arrematara com uma lápide onde estava escrito: "Jardim do Papai."

— Ele estava ali e viu tudo — foi a resposta de Louise quando confirmamos que as imagens coincidiam com o que de fato acontecera. Nomes que tinham sido importantes para o meu pai começaram a emergir. Ao longo da vida, uma pessoa pode se relacionar com pessoas com os nomes mais variados, mas o que me surpreendeu foi que Louise citou esses nomes no contexto certo. Os nomes dos colegas com quem meu pai tinha negócios inacabados, ao morrer, foram mencionados e relacionados a projetos específicos. O nome de um grande amigo dele, que morrera afogado, foi citado. Louise disse que meu pai estava feliz de tê-lo encontrado, pois ficara extremamente abalado com sua morte. A essa altura, a possibilidade de que essas descrições fossem meras coincidências pareceu se reduzir a praticamente zero.

A semelhança entre os acontecimentos que Louise a essa altura relatava com os que tínhamos vivido era absolutamente impressionante. Lembranças de papai que eu e mamãe havíamos compartilhado ou que guardáramos só para nós vinham à tona por meio de Louise, que nos perguntava se faziam algum sentido. Para minha mãe, Louise apresentou imagens de uma encosta sinuosa, algo como um depósito de lixo ou uma cascalheira. Ela também viu meu pai chacoalhando algo na mão, algo como chaves ou amendoins, em todo lugar, e perguntou se ele tinha mania de fazer isso. Logo minha mãe soube de que cena se tratava, mas nos confundimos um pouco ao interpretar essa cena.

Mamãe e papai tinham demonstrado, nos últimos anos, um interesse crescente pela exploração de jazidas de ouro e, sempre que possível, praticavam a arte de detectar metais. Esse era o maior divertimento dos dois. Esse tipo de atividade costuma ser praticada em velhas minas estreitas que costumam lembrar cascalheiras de bordas escorregadias. Eles iam sempre a Forest Hill, no norte da Califórnia, onde meu pai tinha, inclusive, levado minha mãe na ocasião em que fizeram bodas de prata. Depois nos lembramos de que papai deixava seu ouro no bolso, dentro de um pequeno frasco de vidro e, quando ele tinha sorte em suas explorações, costumava tirar o frasquinho do bolso e chacoalhá-lo, assim como um amendoim na casca, fazendo um barulho igual ao tilintar de chaves.

Louise também mencionou uma série de lembranças que eu tinha de meu pai, assim como histórias que ele me contara ao longo da vida.

Surgiram imagens do tempo em que ele estava no exército e de um rio que Louise interpretou como um lugar "horrível", cheio de cobras. Sem saber que meu pai estudava répteis e anfíbios, cobras em particular, Louise descreveu as preciosas lembranças que meu pai guardava de pítons penduradas nas árvores, enquanto ele descia um rio, no Vietnã, sobre um colchão de ar. Ela viu a cena de meias estufando como salsichas, uma imagem esquisitíssima, para dizer o mínimo. Para meu pai, um biólogo dedicado à pesquisa de campo, as meias tinham servido, por anos, como "sacos de cobra", uma forma de transportar os espécimes capturados no mato.

Essas imagens não pareciam descrições vagas ou genéricas de um homem que, num momento de desespero, eu poderia tomar como sendo meu pai. Esses eram exemplos muito específicos e diretos. Note que se tratava, na maior parte, de imagens muito pouco comuns, pois a vida e os interesses de um biólogo da vida selvagem e de sua família tendem a ser um pouco diferentes do normal. Não havia imagens de jogos de golfe, nenhum terno, gravata ou escritório. Só havia descrições consistentes, que retratavam o caráter e a natureza de meu pai.

O que mais me impressionou foi a forma precisa com que Louise captou o jeito de meu pai. A ordem na qual ela apresentou determinados assuntos era a mesma que ele usaria. O jeito sério mas entusiasmado com que Louise expressou certos sentimentos e mensagens era muito parecido com o de meu pai. A seleção de imagens e as descrições seguiam uma seqüência lógica. Primeiro foram os detalhes que nos dariam a certeza de sua presença e nos confortariam, depois os assuntos urgentes ligados a negócios inacabados que envolviam minha mãe e eu e, a seguir, as lembranças e reminiscências. Por fim, vieram as novidades transmitidas de tal forma que pareciam ter saído da boca de meu pai.

Louise explicou que, em seu novo estado, meu pai tinha uma visão que ia muito além do mundo físico. Segundo ela, ele sentia urgência e determinação em contar sobre esse estado a amigos e colegas do mundo físico, cuja visão se estreitara devido às limitações da ciência. Se meu pai realmente estava ali, ele deveria estar ansioso para encontrar um meio de expressar esse conhecimento recém-descoberto. Em sua vida terrena, ele fora tanto cientista quanto explorador. Sentia que o propósito da sua vida era acumular conhecimento e dividi-lo, generosamente, com outras pessoas. Conforme Louise explicou, parecia que era disso que meu pai se ocupava agora.

Louise expressou o desejo de meu pai de nos chamar a atenção para o fato de que nos limitamos ao que conhecemos neste mundo, e assim embotamos nosso sentidos e fechamos nossa mente. Já ouvi dizer que nascemos com a consciência desse outro estado de ser, de onde na verdade todos viemos, mas perdemos essa consciência devido aos limites do mundo físico e da nossa existência nesta vida. Louise também transmitiu o desejo dele de dizer que esta existência terrena é só uma parte do processo e que, quando partimos, não deixamos de existir.

Agora, tenho de admitir, como um estudioso da ciência, que tive muita dificuldade para compreender e aceitar essas informações. Elas realmente abalaram os próprios alicerces das minhas crenças estabelecidas. Só posso dizer que, segundo a primeira lei da termodinâmica, a energia não pode ser criada ou destruída. O combustível da vida é a energia e, quando o corpo deixa de existir, essa energia tem de ter outro destino. Sim, talvez ela simplesmente se disperse em forma de calor, uma fase menos ordenada da energia. Mas nossos sentidos evoluíram para possibilitar nossa sobrevivência no mundo físico e estão sintonizados de forma a perceber apenas aquilo que garante nossa existência física. Eu estaria sendo arrogante se supusesse que eu, como homem, sou capaz de compreender todas as maravilhas inacreditáveis que existem no universo.

Essa é a forma pela qual consegui aceitar uma experiência que vai além da minha capacidade de compreender ou explicar. Só uma coisa eu posso dizer com certeza: é maravilhoso pensar que, quando eu falo em voz alta com meu pai, existe a possibilidade de que ele esteja me ouvindo. Gosto de pensar que ele não morreu em vão, que sua missão continua e que uma parte dele continuará comigo enquanto eu prosseguir pela jornada da vida.

Eric

UM DESCRENTE ESCLARECIDO

Eis aqui a história de outro cético assumido. Não que ele não acredite nos fenômenos psíquicos. Só não confia nas pessoas que interpretam esse tipo de informação, nem nos profissionais que costumam fazer generalizações vagas nas quais as pessoas tendem a confiar cegamente. Ele tentou provar que eu era uma impostora, um pouco devido à raiva e frustração que sentiu depois de tentar se aproximar de um médium pouco acessível. Presumo que ele tenha encontrado só uma forma de dar vazão à raiva que sentiu com a perda da mulher e do filho.

Ao se consultar comigo, Joe encontrou a prova que procurava, mas só se deu conta disso um pouco depois do nosso encontro. Como de costume, ter expectativas com relação ao que vai acontecer na consulta é algo que limita a capacidade do cliente para ouvir e identificar a informação que está sendo transmitida. Expectativas muito rígidas também podem impedir o fluxo de informações que o espírito tenta passar. Eu não sei por que, às vezes, os entes queridos não podem responder a determinadas perguntas que os clientes fazem. Só sei que as almas que vivem do Outro Lado parecem já ter uma idéia bem definida do que querem transmitir.

Conheci Louise por meio de uma pessoa que também chorava a perda de um ente querido e estava na mesma casa de repouso que eu. Nós dois tínhamos ficado viúvos poucos meses antes. Fiquei impressionado com o jeito entusiasmado com que ele me contou tudo o que aconteceu em suas sessões com Louise. Embora eu fosse um descrente declarado (um passo além do cético), achei que deveria viver essa experiência pessoalmente. Eu já havia tentado ver uma outra pessoa bem conhecida que também dizia ter dons mediúnicos. Mas minhas tentativas frustradas de falar com ela por telefone só fizeram aumentar a minha raiva com relação àqueles que dizem trabalhar com esse tipo de coisa. Eu também ouvira histórias acerca dessas pessoas e considerava uma dádiva especial poder se comunicar com aqueles que se foram antes de nós.

No entanto, eu queria desesperadamente entrar em contato com minha mulher, Lucretia, e com meu filho, Mark, que morreu um ano e dez meses antes dela. Acabei ficando sem família, sentindo uma solidão in-suportável, além de raiva e pena de mim mesmo.

Na verdade eu já tinha entrado em contato várias vezes com minha mulher e com meu filho, e das formas mais variadas. Mas eu queria a con-firmação de alguém que fosse capaz de se comunicar com os espíritos.

Quando cheguei para a consulta com Louise, já deixei claro que seria muito difícil para mim avaliar objetivamente o que ela me apresen-taria. Se ela me dissesse que, depois da sessão, eu teria de dar o bra-ço a torcer, eu faria isso sem pestanejar!

Passei a consulta inteira achando que aquilo era tudo uma grande encenação, que tudo se resumia a bons conselhos e uma filosofia acei-tável, com um toque novelesco. Então, enquanto dirigia para casa nes-sa tarde, coloquei no toca-fitas a fita com a gravação da consulta, pa-ra tentar ouvir de novo o que Louise dissera. Eu, na verdade, tinha duas fitas gravadas, pois insistira em gravar tudo na fita que eu trouxera, além de gravar na dela. Assim eu teria certeza de que não havia engano. Mas, assim que coloquei a fita para rodar, desliguei o toca-fitas, saben-do que não estava preparado para ouvir. Tenho de admitir que, naque-le momento, eu ainda estava tentando imaginar como ela havia conse-guido as informações que me transmitiu.

Muitos dias depois, tentei ouvir novamente e descobri que ambas as fitas apresentavam um nível de estática elevado demais para se po-der ouvir direito. Ela de fato havia mencionado que, às vezes, havia in-terferência. Há casos em que é a própria Energia Divina que provoca a interferência, causando algo parecido com uma interferência elétrica.

Felizmente, eu tenho um sobrinho que é engenheiro de som e con-seguiu deixar o som mais claro e gravar a sessão em CD. Quando eu finalmente deixei de lado a idéia de "desmascarar" o conteúdo da fita, ouvi pelo menos 17 "revelações" que não haveria como Louise saber. Eu as contei, uma por uma. Eis aqui algumas das mais importantes:

• Louise sabia o nome do meu filho e, quando perguntei como ela sa-bia, ela me disse: "Porque ele está aqui."
• Ela disse que meu filho queria saber se eu ainda desenhava diagra-mas. Eu tinha o hábito de rabiscar enquanto conversávamos.

- Ela perguntou se ele jogava bola, pois estava usando um boné. Ele sempre usava boné.
- Ele disse a Louise que a flor favorita da mãe era a gardênia. Ela costumava plantar essas flores e as adorava.
- Ela disse que via renda em meu quarto. As cortinas esvoaçantes que cobrem as janelas dos dois lados da minha cama são de renda. Ela também disse que meu quarto tinha um formato estranho, mas eu insisti em dizer que ele era retangular. Depois me lembrei de que um dos cantos é isolado com um grande biombo chinês, o que dá a impressão de que esse canto está faltando.
- Louise viu a escrivaninha do meu quarto. Disse que Lucretia sabia quando eu estava à escrivaninha e que eu me sentara ali, uma vez, para falar com ela (o que de fato fiz).
- Lucretia pediu que ela me perguntasse sobre um medalhão pendurado numa corrente de ouro. Ela se referia ao medalhão com a foto dela que eu usava no pescoço. Eu mandara fazê-lo quando viajamos para a Holanda e passei a chamá-lo de medalha da sorte. Lucretia disse a Louise que eu saberia quando dá-lo a alguém e a quem dar.

O fato de receber essas confirmações me ajudou a confiar na minha própria capacidade para entrar em contato com minha mulher e com meu filho. Mas, à medida que o tempo passava, deixei de senti-los ao meu lado, como acontecia antes. Louise disse que a freqüência vibracional de Lucretia e Mark havia acelerado depois que a consciência deles se expandiu, do Outro Lado. Isso fez com que alcançassem níveis mais elevados e causou uma mudança na ligação que tinham com esta dimensão, embora a ligação que temos entre nós nunca deixe de existir. Suponho que eu mesmo também tenha mudado. Nunca deixei de sentir falta de minha mulher e de meu filho, mas como dei passagem para pessoas e experiências novas em minha vida, deixei de sentir tanta necessidade de me agarrar a eles, como fazia antes.

Uma das primeiras experiências que me alertaram de que eu estava em comunicação direta com meu filho ocorreu uma noite antes de eu ver seu corpo. Ele morreu depois de uma longa doença e, embora eu tenha ficado aliviado ao ver que seu sofrimento chegara ao fim, minha mulher e eu sofríamos muito com a falta dele.

Lucretia e eu estávamos deitados na cama do quarto de hóspedes, na casa de minha cunhada. Ela se virou para mim e disse:

— Onde você acha que Mark está agora?

No exato instante em que ela perguntou, eu tive uma sensação de paz como nunca antes tivera. A resposta aflorou espontaneamente em meus lábios:

— Ele está bem aqui.

Passaram-se alguns momentos, enquanto ficamos ali, deitados em silêncio. Então ouvimos música tocando. Aquilo me deixou irritado, porque eu não conseguia encontrar o rádio-relógio de onde provavelmente provinha a música. Lucretia apontou para uma cadeira do outro lado do quarto, onde ela vira uma luz. Fui até ali e encontrei um ursinho de brinquedo do tipo que toca música. Era dali que ela vinha. Eu disse a Lucretia que era Mark, comunicando-se conosco.

Na manhã seguinte, minha mulher perguntou à irmã a respeito do ursinho. Ela respondeu que fora um presente. Ela o deixara na cadeira e tinha se esquecido dele. Olhamos na etiqueta pregada ao ursinho e descobrimos que ele podia tocar quatro músicas, embora tocasse sempre a mesma — vezes e vezes seguidas: "Let me Call You Sweetheart" ("Deixe-me chamá-lo de querido"). Era assim que minha mulher costumava chamar nosso filho. O ursinho insistia em não tocar as outras músicas.

Antes de sairmos para fazer o exame do corpo de Mark, deixamos o urso sobre a mesa, pois iríamos levá-lo conosco para casa. Minha sobrinha decidiu colocá-lo num plástico para que não sujasse. Saímos então do quarto e o ursinho recomeçou a tocar, só parando quando ela o tirou do saco.

No caminho, eu contei uma história muito pessoal sobre Mark. O urso — agora no banco de trás e de volta ao saco plástico — começou a tocar novamente, até que eu acabei a história. Eu acho que meu filho não queria que eu a contasse. Mais tarde, depois de ver pela última vez o corpo dele, deixei o ursinho sobre a mesa. Minha irmã, que fora muito amiga de Mark, perguntou mentalmente: "Mark, se você estiver aqui, poderia me dar um sinal?" O urso começou a tocar novamente.

No primeiro Dia das Mães depois da morte de Mark, eu descia as escadas quando ouvi um barulho na janela do lavabo. Ali encontrei um passarinho cinzento, batendo no vidro com o bico. Fui até a janela e estiquei o braço em direção a ele, achando que provavelmente o assustaria. Em vez disso, ele continuou batendo no vidro. Pedi que Lucretia viesse até a janela, dizendo:

— Acho que Mark quer lhe desejar feliz Dia das Mães.

Ela esticou o braço para acariciar o vidro, no ponto em que o pássaro estava, e ele parou, olhando-a por alguns segundos. Depois, voou para longe. A mesma coisa aconteceu no aniversário dela, naquele mesmo ano.

Um dia, não muito depois que ela morreu, eu estava deitado na rede do quintal, sentindo-me abandonado e sozinho. Disse a mim mesmo: "Sabem que não tenho tido sinal nenhum de vocês já faz tempo. E então?"

Dez minutos depois, dois pássaros — um cardeal e um outro cinzento, igualzinho àquele que batera no vidro — voaram sobre a minha cabeça e pousaram num cabo de eletricidade, uns três metros acima. Os dois ficaram ali, olhando para mim, lado a lado. O pássaro favorito de Lucretia sempre fora o cardeal. E eu já sabia quem tinha mandado o pássaro cinzento.

Finalmente, um tempo atrás, eu folheava alguns álbuns de fotografias, no quarto de hóspedes. De repente comecei a pensar em Mark e em quanta falta sentia dele. O ursinho de pelúcia, que agora eu deixo em meu quarto — no fim do corredor —, começou a tocar, de repente, a mesma música. Meus olhos encheram-se de lágrimas de felicidade, ao perceber que Mark ainda estava comigo — e de tristeza, por não vivermos mais juntos como antes.

Já faz alguns anos que me consultei com Louise. Lucretia sempre achou que não chegaria a ficar famosa. Por essa razão, agora fico satisfeito em poder contribuir com a minha história. Agora eu sou um descrente esclarecido.

Joe

COMO TORNAR-SE UM RECEPTOR: PRESTE ATENÇÃO ÀS SINCRONICIDADES

Observar as sincronicidades significa prestar atenção na "ocorrência oportuna e aparentemente psíquica dos eventos", que fazem você refletir. Como, por exemplo, "Nossa, se eu não tivesse ido lá, não teria encontrado essa pessoa, que me proporcionou tal e tal oportunidade..." Eventos que costuma chamar de "coincidências", você começa a ver que são provas da existência de um plano especial que está sendo colocado em ação para você. Você acabou de ler sobre pessoas que se ligaram com seus entes queridos prestando atenção às mensagens que eles mandaram por meio de sincronicidades cheias de significado.

Se você notar as sincronicidades que ocorrem em sua vida, perceberá muitas coisas. Sem contar o fato de ser "divertido" — é uma delícia ver que existe um plano maior em ação —, o fato de você perceber essas sincronicidades demonstra, antes de mais nada, que você está totalmente no presente, ou então não teria percebido nada.

Em segundo lugar, notar as sincronicidades é a prova de que você está ligado à Fonte. Você está percebendo que "alguma coisa está acontecendo aqui! Por isso, tem de existir um plano!"

Em terceiro lugar, as sincronicidades indicam que você está no caminho certo. Você sentirá que a vida está fluindo bem. Terá menos necessidade de tentar impor os próprios planos quanto à maneira como a vida deve ser.

Finalmente, o próprio processo de observar as sincronicidades aumenta sua capacidade multissensorial de viver no momento presente enquanto, ao mesmo tempo, você percebe a relevância que ele tem para um plano maior. O jeito como estamos acostumados a perceber os acontecimentos faz com que vejamos cada instante como algo isolado e aleatório, sem nenhuma importância ou relação evidente com um plano específico. Além de ajudar você a se sentir mais ligado à vida, as sincronicidades são um veículo de comunicação entre você e os seus entes queridos que estão do Outro Lado e que participam de forma mais clara desse plano maior. Essa ligação é um laço do coração. Sua atenção a essas sincronicidades determina o alcance dessa comunicação.

Um aviso: Algumas pessoas ficam tão animadas quando começam a perceber as sincronicidades que começam a interpretá-las como uma confirmação de que algo que querem na vida vai de fato acontecer. Então começam a achar que as coisas estão dando certo na vida delas, que as coisas começaram a tomar o rumo que queriam. Não se iluda. Deixe que as sincronicidades sejam simplesmente uma indicação oportuna de que sempre existe um plano maior por trás de todos os acontecimentos.

EXPERIMENTE ISTO

Lembre-se de um evento ou circunstância cujo desfecho seja digno de nota. Na época, você pode ter pensado que tudo não passava de uma mera coincidência. Procure se lembrar dos detalhes, de tudo que acabou levando você a esse acontecimento. Onde você estava? O que lhe aconteceu na época? Como se sentia? Havia outras pessoas envolvidas? Houve algum tipo de comunicação com um ente querido falecido?

Veja se consegue se lembrar de outros exemplos. Talvez não tenha percebido que essas sincronicidades foram acontecimentos perfeitamente oportunos na época, mas quem sabe agora você consiga vê-las com mais clareza? O fato de anotá-las por escrito aumentará sua consciência delas, fazendo com que tenha uma idéia mais nítida da maneira como tudo aconteceu. Assim ficará mais fácil identificá-las. Muito em breve você começará a ter mais consciência de como essas sincronicidades estão orientando você, se estão transmitindo algum tipo de mensagem e como elas podem estar relacionadas com um plano maior.

CAPÍTULO OITO

PERDÃO

A nossa alma viaja por um *continuum* de consciência que nos transporta para dentro e para fora do plano físico. Trata-se de uma existência eterna que engendra para a alma as experiências necessárias que promovem o desenvolvimento, expandem a percepção, ensinam e esclarecem. A própria vida — e a alma que passa por essa experiência, dentro ou fora do corpo — busca esclarecimento.

Os planos do nosso "pequeno-eu" pessoal impedem essa progressão natural quando insistimos em acusar alguém de estar errado — enquanto nós estamos certos — ou baixamos a auto-estima de alguém para elevarmos a nossa. A entrega a esse nível superior sempre parece incrivelmente esclarecedora e muitas vezes mágica. Isso acontece espontaneamente, quando o coração se abre para outra pessoa, levando ambos a um entendimento maior e a infinitas possibilidades.

Nunca é tarde demais para resolver questões do passado, mas é sempre melhor resolver aqui no plano físico tudo o que "tira a nossa paz de espírito". É importante ficar atento aos sinais que nos levam a sanar casos mal-resolvidos com nós mesmos e com as outras pessoas.

Tivemos que nos esforçar e sofrer muito para chegar aonde estamos! Estamos aqui para enfrentar desafios. E esses desafios sempre nos trazem dádivas. Então o Universo nos manda as pessoas com quem compartilhar essas dádivas.

As dádivas que recebemos geralmente incluem mais sabedoria e aprendizado, além de uma compreensão e compaixão maiores. A capacidade para perdoar é também uma dessas dádivas. Acho que meus clientes em geral têm uma certa dificuldade para entender a idéia de perdão. Uma jovem recebeu uma mensagem da mãe, que a atormentara até o dia em que morreu.

— Sua mãe está aqui para pedir perdão — eu disse. — Não precisa ser agora. É importante que você trabalhe a sua raiva e os seus sentimentos com relação ao passado.

Brenda cruzou os braços e foi taxativa:

— TARDE DEMAIS!

— Nunca é tarde demais — respondi.

Então Brenda começou a chorar. Disse que mesmo com toda a dor que ela ainda sentia por ter sofrido tanto nas mãos da mãe, ela tinha medo de se sentir culpada ao acusá-la ou falar sobre isso.

— É compreensível que você tenha raiva de mim por tudo o que lhe fiz — disse a mãe a ela. — É importante descobrir o que isso significou para você. Não se trata de uma traição que esteja me fazendo. Sua cura é a minha cura.

Minha cliente achava, como muitos outros também achavam, que perdoar seria pôr um ponto final na história, livrar a mãe de toda a culpa pelo que fez a ela. Seria, num certo sentido, aceitar os maus-tratos que sofrera. Há casos em que é melhor pensar em termos de libertação, em vez de "perdão". Quando perdoamos outra pessoa, nós nos libertamos da raiva e da amargura que restringem e retardam o desenvolvimento da nossa alma.

Lembro-me de ver um tempo atrás, num noticiário de TV, a história de um grupo de adolescentes que tinha perdido muitos amigos, mortos por um colega de classe desequilibrado. Na manhã seguinte a esse terrível acontecimento, os alunos tinham pendurado uma faixa na entrada da escola com os dizeres: "NÓS PERDOAMOS VOCÊ."

Perdoaram muito rápido, pensei.

A pressa de perdoar pode ser a pressa de esquecer, de negar um nível profundo de dor que advém dos acontecimentos mais difíceis da vida. Nós crescemos de maneira surpreendente quando deixamos que a dor nos conduza a um nível mais elevado de autoconhecimento. Essa é uma maneira de chegar a auto-realização. Podemos começar observando a relação entre nosso eu egóico, que desempenha um papel aqui — imerso na ilusão desta dimensão para estar totalmente presente como um "eu" — e o eu anímico, que tem capacidade para observar o eu egóico, render-se à Fonte, ganhar sabedoria e se expandir a partir de um significado maior, intencional.

Quando trabalhamos os sentimentos e emoções que resultam de um trauma, conseguimos integrar essa experiência à nossa vida. Ela se torna parte da nossa alma, parte da nossa existência atemporal. Então podemos aprender com os desafios e despertar para novas verdades.

Somente quando esse trabalho é realizado, quando identificamos os sentimentos e emoções que guardamos — como a raiva, a culpa, o pesar, e o desejo de vingança —, é que conseguimos libertar, perdoar a outra pessoa. E essa é uma dádiva que concedemos a nós mesmos.

TYLER

Comecei minha apresentação nessa noite, no Learning Exchange de Sacramento, Califórnia, como sempre fazia. Descrevi como eu recebia informações por meio da intuição e o que fazia com elas — como as interpretava e com que propósito — e expliquei o que as pessoas poderiam fazer para se tornar bons receptores. Depois me preparei para "sintonizar" os espíritos.

Eu geralmente transmito dois tipos de informação para pessoas do grupo, escolhidas ao acaso: primeiro, uma mostra de um momento futuro que poderá ajudar os participantes a ter uma introvisão, em oposição a uma "adivinhação", que presumivelmente lhes cairia do céu enquanto ainda não assumiram o controle da própria vida; e, em segundo lugar, mensagens de amigos e de parentes que se encontram do Outro Lado.

Eu primeiro explico que só interpreto as informações transmitidas pelas almas que seguiram com a Luz — não sou uma "caça-fantasmas" — e que, ao transmitir essas mensagens, eu nunca sei se se trata de uma lembrança ou de uma mensagem, propriamente. Às vezes, é algo muito parecido com decifrar charadas: eles fazem trocadilhos, dando ao parti-

cipante uma rosa (se o nome da alma era Rose). Mostram-me velhos hábitos (como jogar pipoca para o alto e pegá-la com a boca) e às vezes mostram-me até características e traços mais pessoais.

Quando faço essa "sintonização" aleatória, tenho sempre certeza de que a informação recebida não invadirá a privacidade da pessoa e só servirá para o bem dela. Eu peço por isso em minhas invocações.

Nessa noite, no Learning Exchange, eu fazia as últimas sintonizações para a platéia. Andava entre as filas de cadeiras quando senti algo me puxando para a direita, onde uma jovem estava sentada na mesma fila que uma senhora, um senhor e um garoto.

A princípio, não percebi que a senhora acompanhada do marido e do filho era a mesma para quem eu havia transmitido algumas mensagens, ali mesmo no Learning Exchange, uns seis meses antes. As mensagens de Tyler vieram com total clareza desta vez, para toda a família dele. Essa era a primeira vez que o marido de Kathy e o filho recebiam mensagens desse tipo. Ela tinha implorado para que eles a acompanhassem nessa noite, com esperança de que eu pudesse demonstrar que seu querido Tyler ainda estava ligado a eles.

Nessa noite, eu me senti especialmente grata e bem-orientada. Fui "levada", de modo perfeito e oportuno, a me aproximar dessa família no fim de minha apresentação, depois que o marido e o filho de Kathy já haviam se recuperado um pouco das fortes emoções, para ajudá-los a se sentir mais à vontade com tudo o que eu lhes transmitira a respeito de Tyler.

No final, Tyler e sua família acabaram por nos dar uma dádiva surpreendente: um exemplo tocante da capacidade — e da oportunidade — para perdoar. Quando pedimos as respostas que nos ajudarão a trabalhar e a superar a dor causada pelos desafios da vida, nós somos capazes de perdoar. Esse é um presente que damos a nós mesmos. O perdão nos liberta da amargura, da raiva e do medo. Ele traz equilíbrio e põe um ponto final em antigos ressentimentos. Então ficamos livres para viver um futuro novo, mais positivo e cheio de oportunidades de expansão.

PRIMEIRA E SEGUNDA CLASSE COM LOUISE

Em 14 de março de 1998, meu filho Tyler morreu num acidente de carro. Ele tinha 21 anos e morreu a algumas quadras da nossa casa, na qual morou toda a sua vida. No auge do desespero, eu procurava uma forma de entrar em contato com Tyler. Eu simplesmente sentia que ele estava por perto e não conseguiria esperar até morrer para poder ouvi-lo novamente e falar com ele.

Assim, decidi assistir sozinha a uma palestra com Louise. Isso foi em outubro de 1998. Logo que a apresentação acabou eu levantei a mão para fazer uma pergunta. Louise se aproximou e me disse que Tyler acabara de aparecer ao meu lado e segurava um microfone para mim. Tyler adorava cantar e tinha um microfone profissional. Ela me perguntou se ele era comediante. Respondi que ele costumava ser meio palhaço.

A terceira pergunta foi uma espécie de confirmação para mim:

— Há alguma coisa acerca da cor amarela em torno dele? — perguntou ela.

Toda a minha família sempre pensou na cor amarela como um símbolo de Tyler. Ele gostava de usar camisetas de um tom amarelo vivo. Fizemos muitas coisas amarelas em memória a Tyler. Isso só serviu para confirmar que ele está conosco e sabe o que estamos fazendo.

Esperei ansiosamente pela palestra seguinte de Louise. Ela aconteceu em maio de 1999. Dessa vez, levei meu marido, David, pai de Tyler, e meu filho mais velho, Jason, o único irmão de Tyler. Eu tinha um forte pressentimento de que havia uma grande chance de Tyler entrar em contato conosco nessa noite. Nós todos temos sonhos em que Tyler nos visita. Nossos laços continuam tão fortes quanto antes.

O LEARNING EXCHANGE

24 de maio de 1999

Chegamos ao auditório do Learning Exchange cheios de esperança. Queríamos muito entrar em contato com Tyler e eu (Kathy) estava ansiosa para que David e Jason tivessem a oportunidade que eu mesma tivera na palestra anterior. De fato, tivemos uma experiência memorável nessa noite.

Já no fim das leituras, Louise se aproximou de David e disse que sentia muita raiva dentro dele. Ela começou perguntando pelo pai dele. Por acaso ele era muito autoritário? Não. Ele bebia? Sim. Trabalhava com carros? Sim. David tinha raiva porque o pai bebia? Na verdade, não.

David então contou a ela sobre a morte de Tyler. Louise disse, então, que aquilo certamente o deixara com raiva. Perguntou se Tyler havia sentido dificuldade para respirar. (Ela perguntara isso da última vez que eu a vira.) Respondemos que provavelmente sim. Ela então disse que tinha a sensação de que ele havia se curvado para a esquerda e deslizado, no momento do acidente. Dissemos então que, realmente, ele tinha se inclinado para a esquerda, na tentativa de se equilibrar.

Tyler estava na caçamba de uma caminhonete. Louise então descreveu como ele caiu. Disse que Tyler estava lhe dizendo que sentira como se tivesse pulado sobre um colchão, como a sensação de pular e alçar vôo. Ela perguntou se ele tinha o costume de pular sobre as camas. David respondeu que sim, lembrando-se das viagens para Lee Vining, um lugar que os garotos adoravam e onde sempre pulavam sobre as camas. Tyler disse a Louise que foi assim que ele se sentiu no momento do acidente. Como se batesse com força numa cama, ao sair do corpo.

Tyler transmitiu a ela uma mensagem para Jason: "Ele devia tentar fazer o mesmo." Mas depois disse algo como "Brincadeira!", querendo dizer que estava só fazendo uma piada. Tyler tinha um incrível senso de humor que às vezes podia ser "meio exagerado" (palavras de Jason). Louise perguntou a Jason se ele se sentia culpado. O rapaz respondeu que sim.

— Tyler está dizendo para não se culpar — disse ela. — Você não precisa. Ele sabe que há coisas que você gostaria de ter resolvido com ele.

Tyler disse que, das quatro pessoas que ali estavam, ele já tinha visitado três em sonho. (Nossa amiga Laura, que estava sentada conosco, era a quarta pessoa a quem ele se referia e não tinha de fato sonhado com Tyler.) Louise perguntou se Jason sonhara com o irmão e ele respondeu que sonhava praticamente toda noite. Tyler então disse que estava freqüentemente com Jason, enquanto este dormia.

Louise perguntou se Tyler convivera com alguma criança. Dissemos que sim, pensando em Paulie, o irmão mais novo de Stephanie. Stephanie era a ex-namorada de Tyler. Então ele falou para darmos a Paulie algo que pertencera a ele. Explicamos que acabáramos de fazer justamente isso, no dia anterior, quando eles apareceram inesperadamente em casa. Por acaso era o aniversário de David, que deu a Paulie um troféu da época em que Tyler e o pai jogavam juntos no time de beisebol.

Louise perguntou se ele tinha alguns carrinhos de brinquedo ou algo assim dentro de caixas. Os carrinhos Hot Wheels de Tyler estavam dentro de caixas. Tyler estava dizendo a Louise que os carrinhos eram para um futuro neto. David e eu já tínhamos decidido guardar os carrinhos e deixar que as crianças que nos visitassem brincassem com os carrinhos que compramos. Sentimos que Tyler já tinha nos comunicado isso.

Ela então perguntou sobre um carro na grama. David estava trabalhando nele? Respondemos que o Corvette precisava de conserto e por isso tinha sido posto na grama. A caminhonete de Tyler também estava estacionada na grama.

Ela então perguntou sobre um chapéu. Contei a ela sobre um chapéu com a inscrição TY e que não disséramos a ninguém que o TY referia-se a Tampa Yankees. Ele dizia apenas que o chapéu era do TY! Nós também tínhamos dado a um dos melhores amigos de Tyler um chapéu TY, na semana anterior.

No final, Louise perguntou se Tyler tinha uma coleção de moedas ou algo assim. Ele costumava surrupiar alguma coisa e depois repô-la no lugar?

— Tyler colecionava muitas coisas — respondi. — Se ele surrupiou alguma coisa, ninguém ficou sabendo.

Nesse momento todos riram e a conversa chegou ao fim.

A experiência nos trouxe algumas respostas importantes. Todo nós ficamos imensamente gratos com o presente que Louise nos deu, ao possibilitar que nosso querido e saudoso Tyler se comunicasse conosco. Também estamos mais conscientes de que Tyler está perto de nós e pode se comunicar conosco sempre que quiser.

A SESSÃO DE KATHY COM LOUISE

Maio de 1999

Louise: Existe alguma coisa acerca de uma caixa postal? Ou um cofre? Ou um posto do correio?

Kathy: Eu costumo ir ao correio.

L: Ao ir ao correio, você passa por algo que sempre a faz se lembrar de Tyler?

K: O rapaz que dirigia a caminhonete trabalha ali, perto do correio.

L: Então ele sobreviveu ao acidente.

K: Sobreviveu.

L: Tyler está dizendo que o rapaz está sofrendo muito por isso.

K: Está.

L: Qual é o nome dele? Allen? Há um outro "A". (Louise tinha perguntado sobre dois "A"s.) Você conversou com Allen?

K: Já.

L: Foi difícil?

K: Foi.

L: Tyler está dizendo que ficará mais fácil. E quando você tiver aceitado a lição que está aprendendo com a perda de Tyler, por favor traga Allen para a luz. Isso não quer dizer que você tenha que lhe fazer pregações evangélicas.

Agora Tyler está dizendo que Allen precisa saber que os dois estiveram juntos numa guerra, em outra vida, e que os papéis eram trocados. Ele está me mostrando a cena de um campo de batalha, onde ele aparece de uniforme. Tyler tinha dito a Allen: "Vá para a esquerda!" — em vez de para a direita. Ele se sentiu responsável pela morte de Allen. Então a dor que ele sentia fez com que causasse o sofrimento de outras pessoas. Ele descontou nos outros a aversão que sentia por si próprio. E estava tão furioso consigo mesmo que passou a se enfurecer com todo mundo. Já era previsto que isso aconteceria nesta vida. Mas, agora, Allen precisa saber que pode parar de se sentir culpado.

K: Tyler está satisfeito com o que fizemos no julgamento de Allen?

L: O que vocês fizeram? Deixaram que ele fosse considerado inocente?

K: Nós o ajudamos.

L: Tyler está muito satisfeito. Há alguma coisa sobre folhear uma caderneta de telefones ou uma lista telefônica... ou algo bem grosso. Poderia ser algo sobre fazer um juramento sobre um livro. Vocês foram testemunhas?

K: David falou diante do juiz. Mas ele não serviu de testemunha.

L: E o que disse?

K: Ele disse que não queria que Allen fosse preso.

L: Então ele saiu em sua defesa?

K: Sim.

L: Tyler está satisfeito. Muito satisfeito. Está dizendo que vocês tinham que ter feito mesmo isso, pois ele estava lá, cutucando vocês! Diz que Allen seria "liqüidado" na cadeia. Ele estava realmente fazendo de tudo para influenciá-los. Mas a bondade de vocês prevaleceu. Sua capacidade para perdoar. E agora vocês estão demonstrando essa bondade.

K: Dissemos no julgamento... o que achamos que Tyler gostaria que diséssemos.

L: PERCEBEM? É porque era isso mesmo que ele queria. Ele diz que era exatamente isso que ele queria. Se Allen fosse para a cadeia, a coisa teria ido longe demais, seria muito mais do que ele precisaria aprender. Sem vingança. O karma traz o equilíbrio.

(O juiz dissera a Allen que ele ficaria preso por seis meses. Mas depois que David leu sua declaração, o juiz disse que faria o que ele pediu. Ele considerou Allen inocente. Em minha consulta com Louise, ela disse que Tyler usara a palavra "liqüidado", ao se referir a Allen, caso ele fosse para a cadeia. Nossa família estava usando a palavra "destruído". Outra confirmação da presença de Tyler.)

L: Allen andava bebendo?

K: Andava.

L: Tyler está dizendo que o amigo fez algo até mais estúpido nessa outra vida. Ele quer que você o ajude a sair desse buraco — quando for a hora certa. Talvez ele precise de apoio. Talvez alguns livros sobre experiências de quase-morte.

No sábado seguinte à minha consulta com Louise, eu participei de um *workshop*. Depois da palestra, fizemos exercícios em que tentávamos ver o passado e depois algumas leituras breves. Muitos de nós conseguimos entrar em contato com vários entes queridos. A mim pareceu que Tyler chegou com tamanho ímpeto que quase interrompeu Louise. Ele queria me dizer algo. Preciso colocá-los a par da situação para que vocês entendam a importância do que Tyler estava tentando nos dizer.

Quando faltavam alguns dias para o primeiro aniversário da morte de Tyler, eu fui de carro até o correio. Na esquina, tive a impressão de ver Allen, o jovem que dirigia o carro no momento do acidente. Ele estava esperando para atravessar a rua. Passei para a pista de conversão e percebi que, de fato, era Allen. Torci para que ele não me visse, pois não estava preparada para falar com ele. Mas ele me viu e acenamos um para o outro. Meu irmão estava no carro comigo e eu disse a ele que seria melhor eu conversar com Allen. Parei o carro na vaga da pizzaria em que Allen trabalha e nós nos abraçamos e conversamos.

Eu já tinha mencionado esse encontro a Louise antes, no dia do *workshop*. Quando chegou o momento das leituras que Louise faria, muitas pessoas se aproximaram do nosso grupo. Tyler apareceu e falou de muitas coisas e de muitos amigos.

Enquanto Louise dirigia-se para as outras pessoas do grupo e prosseguia com as leituras, Tyler às vezes parecia querer fazer comentários. Ele falava à Louise sobre uma tinturaria na qual eu passara. Percebi que se tratava da tinturaria pela qual eu passara de carro, no momento em que vi Allen. Ela ficava próxima ao correio que ela mencionara na sessão particular que tivera comigo.

Tyler disse a Louise que nesse momento — quando eu passava em frente à tinturaria — ele se comunicou comigo, dizendo para que eu parasse e conversasse com Allen! Foi maravilhoso!

Essa foi mais uma confirmação de que, embora eu não consiga ouvi-lo conscientemente, consigo captar algumas mensagens que ele me transmite. Estamos tão ligados. Muitas das coisas que tenho aprendido com o maravilhoso dom de Louise confirmaram que Tyler nos comunicou seus desejos — muitas vezes.

Tyler parece muito preocupado em zelar por alguns amigos e pelo irmão. Isso também nos ajuda a ter certeza de que ele está bem próximo a nós. Nosso amor é constante e eterno. Ter perdido Tyler foi extremamente doloroso. A ausência dele no nosso dia-a-dia nos faz sentir como se nos faltasse um pedaço. Estamos imensamente gratos por saber que ele não se foi realmente, que ainda está vivo e nos conforta.

Kathy Routt

"VOCÊ EMPURRA DAÍ E EU PUXO DAQUI"

Já mencionei o quanto é importante para as pessoas conseguir reconhecer os maus-tratos que sofreram no passado. Com demasiada freqüência, elas crescem achando que comportamentos inadequados são aceitáveis — ou que nem sequer ocorreram, nos casos em que a negação da família as faz acreditar que seus sentimentos e percepções com relação ao comportamento abusivo são equivocados ou até mesmo pura fantasia. É inevitável, portanto, que, no presente, elas tenham muita dificuldade para acreditar no que sentem, mesmo sabendo o que sentem.

Eu uma vez perscrutei a infância de uma cliente e vi que ela fora extremamente maltratada. O pai dela havia perdido o controle e gritava enquanto batia nela e nos dois irmãos. Numa das cenas, ele causou uma verdadeira devastação, atirando tigelas e panelas para todo lado. Descrevi à minha cliente tudo o que vi.

— Ah, era só papai num dos seus dias ruins — respondeu ela sem demonstrar nenhum traço de emoção.

Então eu vi uma cena dela na hora de dormir. A mãe estava sentada na beirada da cama da filha, dizendo:

— Seu pai só está num dia ruim.

Acabei descobrindo que minha cliente estava nitidamente alheia às importantes questões que a dilaceravam no presente.

Eu já tinha visto algo parecido alguns anos antes, numa consulta com uma cliente cujo rosto inexpressivo não demonstrava nenhuma emoção; ela parecia completamente entorpecida. Quando falei com ela, ao chegar para a consulta, ela me pareceu distraída, como se estivesse a quilômetros de distância. Mais tarde, quando vi cenas de sua infância, vi o pai dessa moça empunhando uma faca de açougueiro. É difícil para mim interpretar o que não faz parte do meu repertório de experiências. Dou graças a Deus por não ter passado por esse tipo de violência. Achei que o homem poderia trabalhar num açougue.

— Papai costumava se dirigir a nós com uma faca de açougueiro na mão — ela explicou num tom indiferente.

Então eu descrevi uma cena de alguém sendo trancado num armário. Mais uma vez ela se mostrou impassível, completamente dissociada dos próprios sentimentos:

— Ah, meus irmãos costumavam me trancar num armário onde alguém tinha sido assassinado.

Conversei um pouco com ela, dizendo que a meu ver ela precisava de um terapeuta. Achei que ela tinha alguns problemas bem sérios que precisaria tratar, coisas que tinha reprimido há muito tempo.

Posteriormente, mencionei uma época futura que poderia vir a se concretizar caso ela conseguisse resolver essas questões interiores. Descrevi o cenário e acrescentei:

— Vejo você muito feliz, com um novo projeto que fará num local de trabalho diferente, onde você terá um patrão gentil e agradável.

Nós já tínhamos chegado à conclusão de que ela estava reencenando com o patrão atual, uma pessoa intratável, algumas questões não resolvidas com o pai.

— Você falou em sentimentos — disse ela. — E isso me deixa confusa.

Só pensar em sentimentos já a deixava confusa.

É por isso que é tão importante o reconhecimento. É preciso, no entanto, chegar primeiro a um equilíbrio entre processar a raiva e as feridas do passado (a negatividade) e dar passagem para o positivo. Só então se chega ao reconhecimento de uma forma saudável e apropriada. O relato a seguir é um exemplo de como minha cliente conseguiu se curar e ir muito além dos efeitos do reconhecimento necessário, confiando na intuição de que algo mais estava vindo à tona. Ela percebeu intuitivamente que se beneficiaria caso recebesse algo do pai. Ficou claro para ela que a raiva guardada poderia impedi-la de expandir seu potencial.

O tempo que eu e meu pai passamos juntos nesta vida foi bem atribula-do. Ele era alcoólatra e sua doença se agravava à medida que eu me aproximava da idade adulta. A maioria das lembranças que eu tenho de meu pai tem relação com seu temperamento furioso e cruel, afiado como uma navalha. Depois que morreu, ele passou a se comunicar comigo freqüentemente em meus sonhos. Ele normalmente parecia estar sóbrio, mas minha reação a ele era muito negativa, como se ele não tivesse mudado em nada. Muitas noites, eu acordava aos prantos, depois de gritar para ele: "Estou feliz que esteja morto! A nossa vida ficou muito melhor sem você. Eu te odeio!"

Quando entrei em contato com ele, durante a sessão com Louise, um ano depois de sua morte, ela me mostrou que ele tinha aparecido em meus sonhos para que eu pudesse extravasar a minha raiva, dizer tudo aquilo e deixar para trás nossos momentos difíceis. Ele fizera isso por mim, disse Louise.

Meu pai conseguiu expressar o quanto ele se arrependia de seus erros e me fez lembrar que também tínhamos passado bons momentos juntos. Minha raiva tinha impedido que eu me lembrasse de qualquer coisa positiva com respeito ao meu pai. Não restou nenhuma lembrança boa em minha memória. Mas ele me ajudou a lembrar de uma época em que o alcoolismo ainda não o dominara. Eu tinha por volta de sete anos e costumava esperar ansiosamente a hora em que ele chegava do trabalho, quando íamos nadar juntos na piscina de casa. Eu adorava sentar nos ombros de papai, enquanto ele mergulhava por baixo da água, como um submarino. Essa foi a cena que ele mostrou à Louise. Papai me devolveu o que, agora sei, é uma das minhas lembranças mais queridas.

Na minha última sessão com Louise, ela disse que meu pai estava lhe mostrando a cena de uma mulher dentro de um carro, estacionado perto de uma piscina. A mulher, de aparência muito triste, descansava a cabeça no volante. Eu disse a ela que essa mulher era eu, na semana anterior. Eu estacionara o carro perto da piscina da escola onde trabalho. Não estava com vontade de trabalhar nesse dia. Estava cansada do trabalho, infeliz com meu emprego. Então me lembrei que, nessa hora, meu pai me veio subitamente à lembrança. Segundo Louise, ele queria que eu soubesse que ele estava ali comigo nesse momento, transmitindo seu amor e apoio.

Parece que agora que está do Outro Lado, meu pai consegue ser o pai afetuoso que foi incapaz de ser enquanto vivia aqui na Terra. Eu finalmente consegui aceitar o seu amor. Isso curou minhas feridas e creio que o ajudou a evoluir lá do Outro Lado.

Depois que consegui fazer essa ligação — agora que sou capaz de entender o que meu pai queria que eu soubesse —, sou uma pessoa aberta e disposta a aceitar nossos laços de amor. Agora eu o sinto comigo todos os dias, converso com ele constantemente e consigo até apreciar outra vez o seu senso de humor. Não raro eu me pego até mesmo "pensando como ele", e isso faz surgir um grande sorriso em meu rosto.

Um exemplo do senso de humor de meu pai aconteceu na minha última sessão com Louise. Ela disse que meu pai ajudaria minha avó a seguir para a Luz, quando sua hora chegasse. Disse que minha avó morria de medo de morrer. Ele queria que eu garantisse a ela que não havia nada a temer e a ajudasse a prepará-la para essa transição. Louise disse que ele estava dizendo: "Você empurra daí e eu puxo daqui!"

COMO TORNAR-SE UM RECEPTOR:
ENTREGUE-SE À FONTE

Chegou um dia, muitos anos atrás, em que "a Voz" me disse: "Agora é hora de mostrar às pessoas quando elas sentiram Deus." Eu estava meditando no intervalo entre as consultas que fazia nessa semana, numa cidadezinha do Colorado. A mensagem era clara. Nem tentei imaginar como essa instrução se manifestaria na minha vida; limitei-me a ficar aberta a tudo que a mensagem pudesse vir a revelar.

Aos poucos, comecei a notar um novo elemento se insinuando em minhas consultas. Depois de fazer minha invocação e examinar as informações que deveria interpretar, eu ocasionalmente via um lampejo ou *flash* de luz vindo do passado, do presente ou do futuro provável do cliente. Quando eu olhava mais atentamente para ver de onde vinha o *flash*, uma cena aparecia. Quando eu descrevia para o cliente essa cena, ele de fato recordava um momento do presente ou do passado em que se sentira extremamente conectado à vida, como se fosse realmente parte de um todo maior, ou excepcionalmente sereno e em paz. Mas o mais freqüente era que ele não definisse esse momento como um instante em que "sentira Deus".

Quando o *flash* de luz apareceu no futuro de uma cliente, eu a aconselhei a ficar aberta e esperar que isso se manifestasse por si mesmo, de forma natural. Essa cliente trabalhava como corretora de valores na Wall Street e esse momento futuro que eu divisara chegou em meio a uma reunião de negócios. Eu dei a ela as iniciais — e alguns nomes — daqueles que estariam na sala com ela nesse momento. Senti, por meio da consciência futura dela, uma sensação de extrema lucidez, uma oportunidade em que ela sentiria o impulso de expressar a sua verdade de uma forma que causaria uma mudança para melhor.

Essa é uma coisa maravilhosa para se demonstrar aos clientes, pois muitos tendem a acalentar a esperança ou rezam na tentativa de conseguir provas contundentes de que estão em contato com Deus, de que Deus está perto deles. Às vezes, eles até mesmo acalentam secretamente a esperança de passar por uma experiência de quase-morte, suplicando para ter a oportunidade de passar por momentos de dor e angústia potencialmente inimagináveis! É muito duro para eles acreditar que já estão conectados com Deus, de uma forma muito própria, pessoal e única. No entanto, eles nunca consideram um sentimento ou um acontecimento em particular como uma prova dessa conexão. A tendência é, em geral, sair pelo mundo em busca de respostas e confirmações externas, em vez de perceber que estamos o tempo todo ligados a Deus de uma forma muito natural.

Às vezes eu me dirijo à luz e peço telepaticamente, durante a consulta, para ver em que momento o cliente em questão sentiu a presença de Deus.

No caso de um cliente em particular, esse momento se deu quando ele estava no quarto ano da faculdade, pescando num lago com seu tio Joe. Ele se lembrou dessa ocasião, sentindo-se amado e em comunhão com tudo e com todos ao redor dele.

Confie nos momentos em que você se sentir conectado à Fonte, de uma maneira muito pessoal, única e particular. Renda-se à sua própria percepção de um Poder Superior ou consciência superior. Observe se há alguma tendência de " bancar Deus". Nenhum de nós está apto a encontrar soluções — ou um plano de vida melhor — sozinho, por meio da nossa mente racional, de raciocínio dedutivo. Sua mente é um verdadeiro tesouro, uma dádiva inacreditável. Por meio dela, você pode apreender e interpretar seu mundo físico. Mas não é possível interpretar uma intuição de forma racional. Seu eu egóico não desistirá facilmente do privilégio de escrever o roteiro da sua vida. E ele só será capaz de escrever um roteiro que diminuirá muito as possibilidades num plano que na verdade é infinito.

Alguns anos atrás, minha filha me telefonou do país em que ela mora, para me fazer um pedido que eu não tinha meios de atender na época.

— Mas, querida — eu disse —, eu rezarei por você.

— Obrigada, mãe — ela respondeu, ao desligar.

Ajoelhei-me para rezar por ela e pela amiga que estava prestes a passar por uma cirurgia para extirpar um câncer no intestino. Rezei, rezei e rezei. Então ouvi "a Voz" me dizendo: "AGORA É HORA DE PARAR!"

Notei claramente o momento em que comecei a querer, num certo sentido, "bancar" Deus. Se eu fizesse a coisa certa, pedisse bastante e com fervor suficiente, todos os meus pedidos poderiam ser atendidos, do jeitinho que eu queria. Percebi que, se continuasse rezando daquela forma, isso seria um sinal de que eu não acreditava que minha prece seria ouvida! Eu precisava me entregar à Fonte, às infinitas possibilidades que eu nem sequer podia imaginar. Essa entrega é uma demonstração de fé.

Bastaria que eu afirmasse minha intenção — de todo o coração — e então deixasse de lado meus pensamentos, preocupações e expectativas acerca de como eu achava que as coisas iriam se suceder. Forcei-me a ir para a cama e fazer com que meus últimos pensamentos, antes de dormir, fossem de gratidão. Minha filha ligou no dia seguinte para me contar sobre as espetaculares — e inesperadas — sincronicidades que haviam acontecido nessa manhã.

Por causa do medo do desconhecido, temos o hábito de querer controlar a nossa vida. O antídoto mais rápido e eficiente para os pensamentos de medo que nos afligem é ter pensamentos de gratidão, que expandem em vez de nos limitar. Quando me entrego à Fonte, sinto-me ligada a ela novamente. Isso também evita que eu tenha que depender da capacidade limitada do meu eu mental para resolver problemas, e deixa que o Universo faça sua mágica. Os laços do coração com a Fonte são os mesmos que ligam você aos seus entes queridos que estão do Outro Lado.

Sinta (ou peça para sentir) o amor incondicional e infinito que irradia da Fonte. Deixe-o envolver você. Sempre que peço para que ele me envolva, eu me entrego completamente e espero, paciente e serena. Ele nunca falha. É o sentimento mais sublime que existe. Depois de senti-lo, você nunca mais se sentirá sozinho.

————— EXPERIMENTE ISTO —————

Faça uma lista dos momentos em que você se sentiu ligado à Fonte, a um Poder Superior. Talvez você não tenha definido esses momentos como ocasiões em que estabeleceu essa ligação. Talvez um deles tenha acontecido quando você estava em meio à natureza, momentaneamente alheio ao seu eu físico, sentindo-se mais vivo do que nunca e com a consciência ampliada. Ou talvez tenha sido numa ocasião em que você — quase por impulso — se aproximou espontaneamente de outra pessoa, talvez até de um estranho, e sentiu-se extremamente ligado a ela. Faça um levantamento desses episódios e você verá que ficará mais apto a identificar momentos como esses no presente — no exato instante em que ocorrem —, assim como em retrospectiva. E isso também vai tornar mais freqüente esse tipo de experiência!

CAPÍTULO NOVE

COMO FICAR "SINTONIZADO"

*N*a maioria das histórias apresentadas, eu ajudei meus clientes a confiar mais na intuição e na ligação de amor que os unia aos entes queridos. Fiz isso transmitindo-lhes, nas consultas, informações que confirmavam essa ligação em momentos específicos, nos quais eles suspeitaram da existência dela. Esse é o primeiro passo para se tornar um receptor e para acreditar que você está de fato recebendo informações. Um dos meus alunos, aos se referir a esse sentimento de estar na "freqüência certa" ou de receber informações com exatidão, usou uma ótima expressão: estar "sintonizado".

A maioria dos "acertos", em matéria de intuição, procede do lado esquerdo do cérebro e surge do nada. Veja se você consegue reconstituir a "trajetória" de algo que suspeita ser uma intuição, lembrando-se dos pensamentos que rondavam sua mente um pouco antes. Caso se trate de um símbolo, uma visão ou uma idéia, há possibilidade de que seja uma intuição confiável. Tente se lembrar de como se sentia quando teve a intuição. O mais provável é que você estivesse "em ponto morto", descontraído e sem nenhum tipo de expectativa.

Talvez você estivesse andando na rua, por exemplo, quando passou por uma loja que você e sua mãe costumavam freqüentar. Você olhou na vitrine e viu no manequim um casaco vermelho igual àquele que você lhe deu no último aniversário antes de ela morrer.

Você pensa nela e, de repente, sente-a perto de você. Talvez tenha uma visão repentina do rosto dela, sorrindo para você. O mais provável é que ela esteja ali de fato! O estímulo do ambiente despertou pensamentos sobre sua mãe que ativaram a ligação de amor que existe entre vocês. Você talvez até se dê conta das sincronicidades que o fizeram entrar naquela rua, assim como aconteceu com a mãe de Tyler, no capítulo oito.

Quando se esforça demais para receber informações, você polui as imagens ou sensações. É preciso prática e confiança em si para manter a sensação por mais tempo e perceber que ela é legítima. Nossa reação instintiva diante da intuição geralmente é dizer: "Ah, eu inventei tudo isso. É só minha imaginação." Fique atento a esses pensamentos de dúvida e então livre-se deles.

Guarde consigo a sensação intuitiva. Assim que possível, comunique-a, anote-a por escrito ou cheque-a com outras pessoas. Quanto mais cedo você a trouxer à luz — "desprender-se dela" — menos chance sua mente racional terá de colocá-la em dúvida e subestimá-la.

O segundo passo é interpretar a informação corretamente. No capítulo um, eu citei o exemplo de uma cliente que interpretou mal o sentimento de ligação profunda, procedente de uma vida passada, que ela teve com relação a um homem casado. Ela interpretou o sentimento como uma prova de que eles deveriam ficar juntos. Ela podia de fato confiar na sensação de que tinha uma ligação profunda com ele, mas poderia também ter reparado no rumo que cada um deles tomou nesta vida — o que tornava inviável uma ligação íntima entre eles —, para assim poder chegar à conclusão de que deveriam apoiar um ao outro de uma forma inteiramente diferente. Então ela se "renderia" à Fonte (deixando de lado todas as expectativas), "pedindo por esclarecimento" e para se lembrar de observar as sincronicidades e dicas da Fonte que poderiam lhe servir de orientação.

Uma outra maneira que encontrei de ajudar o desenvolvimento dos meus clientes, de forma que se tornassem seres intuitivos e multissensoriais, foi criar um programa de aprendizagem que realizo durante seis meses com um grupo seleto de clientes. Esse programa é feito por telefone, com pessoas do mundo todo.

Os alunos descrevem-me seus sonhos por fax e, juntos, procuramos interpretar as informações transmitidas pelo inconsciente. Analisamos visões do passado, sensações que transcendem o tempo linear e estabelecemos a comunicação entre a dimensão física e a extrafísica. Esporadicamente, eu sirvo de porta-voz para a criança interior de meu aluno, que ainda existe no passado e solicita a atenção dele para poder se expressar. Às vezes isso acontece para que ele possa se livrar de um medo, uma crença ou uma questão do passado que vem à tona devido às percepções transformadoras que ele passou a ter no presente.

Minha intenção é ter algum dia um grupo de profissionais extremamente intuitivos e aptos a transmitir às pessoas os instrumentos que desenvolvemos nesse trabalho em conjunto e que os ajudaram a ser de fato multissensoriais. Não falta muito para que isso aconteça.

Muitas pessoas de fato recebem confirmações em consultas marcadas com antecedência. Convém entrevistar o médium, vidente ou conselheiro espiritual em questão para verificar qual é a filosofia e ponto de vista espiritual dessa pessoa. É cada vez mais comum encontrar pessoas capazes de "ler" e interpretar esse tipo de informação, além do tempo e da morte. Pelo fato de a interpretação em si ser tão importante, é essencial encontrar alguém que tenha uma postura positiva, e não um comportamento misterioso e enigmático. Entre outros fatores importantes, estão a capacidade do profissional de interpretar as informações de forma acurada e específica (em vez de fazer generalizações vagas), a disposição que ele tem para elevar o ânimo do cliente (em vez de iludi-lo com esperanças infundadas) e a relevância das informações que transmite para a vida atual do cliente.

As duas histórias a seguir são bons exemplos de clientes que confiaram na informação que receberam por meio de visões, símbolos e sonhos.

O SONHO DE CAROLYN

Quando eu era criança, esperava ansiosamente a hora de ir dormir. Eu sempre tive sonhos coloridos e interessantes. Ao longo da minha vida, os sonhos foram mudando, mas eles nunca desapareceram ou ficaram menos interessantes. Se eu tinha um sonho particularmente significativo ou engraçado, contava-o para minha mãe.

Depois que saí de casa, passei a telefonar para ela uma vez por semana e, nessas conversas, eu geralmente contava meus sonhos. Minha mãe sabia que eu sempre prestava atenção aos meus sonhos e que mantinha um diário no qual os anotava. Por isso não foi nenhuma surpresa quando, depois da morte dela, eu comecei a ter sonhos em que ela estava presente.

A morte de minha mãe me deixou tão triste e desolada que, mal começava a pensar nela, eu desmoronava e caía no choro. Procurei Louise para que ela me ajudasse a entender esse estado de pesar e para tentar me comunicar com minha mãe. Eu conhecia Louise Hauck desde 1992, e ela passou a ser uma grande amiga, não só uma profissional com quem eu tinha consultas. Eu sabia que, se existisse alguém que poderia me ajudar a aliviar essa dor, essa pessoa certamente seria ela.

Louise trouxe minha mãe às consultas e me ajudou a me comunicar com ela. Muitas dessas sessões ajudaram a aliviar a minha dor, mas eu ainda precisava de algo mais. Numa das sessões, Louise disse que, se eu ficasse aberta e receptiva, minha mãe me visitaria em sonhos. Acho que essa era justamente a sugestão que eu precisava ouvir.

Comecei a sonhar com minha mãe e a receber suas mensagens. Ela com certeza se lembrou de que eu prestava muita atenção aos sonhos e achou que essa era a forma mais direta de se comunicar comigo. Às vezes, os sonhos traziam mensagens muito nítidas; outras vezes, minha mãe apenas insinuava sua presença, assim como aconteceu no sonho que descrevo a seguir.

Em fevereiro de 1999, marquei um passeio com uma amiga que morava a pouco menos de 100 quilômetros de minha casa. Eu estava realmente ansiosa para que chegasse logo esse dia. No dia do passeio, um pouco antes de acordar, eu recebi uma imagem surpreendente — e tão clara quanto um cartão postal. Eu sabia que minha mãe é que a tinha mandado.

Lembro-me de que ela mesma não fazia parte do sonho, mas estava como que nos bastidores, esperando o momento certo para me mandar a mensagem. Vi o quadro de relance, na minha tela mental, completamente formado e sem nada que desviasse minha atenção.

Tratava-se da imagem de uma namoradeira preta e vermelha, com o encosto reto como um banco. Quando acordei, achei a imagem estranha, pois o móvel não me parecia particularmente bonito nem era do tipo que eu compraria. Escrevi sobre isso no diário de sonhos que guardo perto da cama e então deixei que a imagem ficasse em segundo plano, em minha mente, à espera de referências futuras.

Como de costume, eu estava atrasada, e por isso fui "voando" para a casa de minha amiga. Peguei-a em casa, levei-a para almoçar e então decidimos ver algumas antigüidades. Assim que entramos na loja, vi bem na minha frente o sofá preto e vermelho que aparecera em meu sonho! Eu não contara a minha amiga sobre o sonho, então simplesmente me aproximei e pousei a mão no móvel. Ele era, na verdade, um banco de carrossel que estava sendo vendido como sofá. Eu estava perplexa por ver o quanto ele se parecia com o sofá do meu sonho. Mas por que eu estava olhando para ele agora? Qual era a mensagem? Continuei olhando a loja e encontrei algumas mercadorias que me interessaram. Depois fui até o balcão para pagá-las.

A gerente da loja perguntou ao homem na minha frente se ele estava procurando por algo em especial. Eu o ouvi dando uma risada e dizendo que não sabia nem por onde começar, pois a lista que tinha era longa. Isso me fez lembrar da antiga banqueta que eu queria comprar há tempos. Eu tinha até mesmo dado a minha mãe um desenho dessa banqueta, no caso de ela encontrar uma parecida numa de suas viagens. Nós duas adorávamos percorrer juntas as lojas de antigüidades.

Depois de me lembrar da banqueta, decidi ir em frente e perguntar à gerente se havia algo parecido na loja. Na hora aquilo me pareceu pouco prático, pois eu morava longe dali e não tinha visto nada, na loja, que lembrasse a banqueta que eu queria. Eu estava preenchendo o cheque para pagar as compras quando, de repente, falei por impulso que havia algo que eu andava procurando. Esse era o tipo de coisa que não tinha muito a ver comigo, pois eu sempre me sentia sem jeito ao perguntar alguma coisa. Fiquei surpresa com a minha atitude impulsiva, mas, mesmo assim, continuei descrevendo para a gerente a banqueta que procurava.

— Só um minuto — ela respondeu.

Colocando um papel no balcão à minha frente, ela desenhou exatamente a banqueta que eu tanto procurava! Disse então que sua sócia, que fazia peças em madeira, tinha vendido uma para um artista. Esse artista havia telefonado para ela justamente no dia anterior, perguntando se poderia devolvê-la. Ele estava passando por dificuldades e precisava de dinheiro.

Perguntei se eu podia ver a banqueta. A gerente ligou para a sócia em seu estúdio e soube que o cliente havia acabado de devolvê-la. Só então ela viu que um dos pés estava quebrado. Ela teria que consertá-lo, antes de vender a banqueta novamente.

Entusiasmada, eu me virei para minha amiga e perguntei se ela teria tempo de ir ao estúdio ver a banqueta. Ela pareceu satisfeita em me acompanhar. A gerente da loja nos fez um mapa do caminho e lá fomos nós para o estúdio.

Lá, vi que aquela era justamente a banqueta que eu procurava, desde muito antes de minha mãe morrer. Ela precisava ser consertada e receber outra demão de tinta, mas a artesã me prometeu que ficaria novinha em folha.

Quando saímos do estúdio, comecei a contar à minha amiga toda a história do sofá preto e vermelho e de como minha mãe tinha mandado a imagem por meio do sonho. Minha amiga acredita tanto quanto eu que nossos entes queridos do Outro Lado nunca se esquecem de nós e que estaremos para sempre ligados por laços de amor. Essa história não lhe pareceu nada estranha. Ela também tinha perdido um filho que entrava em contato com ela por meio dos sonhos.

Comentei com minha amiga que, a meu ver, a imagem do sofá fora o que me levara à banqueta, servindo como uma pista de um mapa do tesouro. Mamãe devia ter algo a ver com aquilo. Era bem o estilo dela. Ela fazia coisas desse tipo nos aniversários, quando eu e meus irmãos éramos pequenos.

Não tive notícias da artesã durante meses, e cheguei à conclusão de que talvez eu tivesse exagerado a importância de todos os sinais de minha mãe. Então a mulher me ligou. Desculpou-se pela demora, causada por uma viagem à Europa. A banqueta ficaria pronta em junho, ela disse. Um tempo depois ela ligou novamente, para dizer que a banqueta estava pronta e tinha ficado linda.

Eu entrei em pânico; estava sem muito dinheiro na época e não tinha como pagar a banqueta. Ela concordou que eu pegasse a peça no mês seguinte — quando meu marido ficaria feliz com a chance de comprar o presente perfeito para mim. Ele adorou quando lhe contei toda a história do sonho.

Dois anos antes da morte de mamãe, ela e eu tínhamos visitado uma loja de antigüidades no norte de Michigan, onde achamos uma antiga prancheta de desenho. Na ocasião, ela dissera que queria muito dá-la para mim de aniversário. E prometeu que depois encontraria uma banqueta em estilo antigo para acompanhá-la. E como ela não pôde fazer isso pessoalmente, enquanto estava no corpo físico, creio que me levou a encontrar a banqueta, por meio da simples imagem de um sofá preto e vermelho, transmitida através de um sonho.

Carolyn

A ÁRVORE DE DINHEIRO

Nas duas últimas vezes em que Linda se consultou comigo, o pai dela apareceu, tentando comunicar algo sobre árvores. Na primeira vez em que fez isso, eu perguntei:

— Ele tinha algo aZ ver com árvores?

— Bem, sim, creio que sim — ela respondeu. — Ele ganhava a vida com árvores e madeira. Mas sempre dizia que o dinheiro não cresce em árvores. Ele falava sério, embora isso também fosse uma piada, pois nosso sobrenome é "Money" [dinheiro, em inglês]!

Ela pensou por um instante e depois disse:

— Ai, meu Deus, será que ele está tentando me dizer que não estou sabendo gastar meu dinheiro?

Na sessão seguinte, mais uma vez o pai de Linda apareceu e fez mímicas que me fizeram pensar numa árvore! Eu prossegui, tentando interpretar outras coisas, mas o pai dela continuou chamando a minha atenção para a tal da árvore. Concentrei a atenção nele e perguntei telepaticamente: "O que é que tem as árvores?"

Então a cena mudou. Agora o pai de Linda sacudia a árvore. E as folhas que caíam viravam moedas. E as moedas viravam dólares de pra-

ta. Ele me fez lembrar das folhas dos álamos do Colorado. Tudo isso descrevi a Linda.

— Ah! — ela exclamou. — Aposto que ele está falando da coleção de moedas de prata que tinha! Está guardada no porão. Ele sempre colecionou moedas, desde a guerra. Era seu hobby. *Achava que cada moeda significava uma coisa. Em alguns casos, as moedas tinham sido cunhadas no ano de aniversário de um membro da família. Há centenas delas em caixas de charuto e velhos potes de café. Ele as guardava em qualquer coisa que pudesse agüentar o peso. Minha irmã e eu não conseguimos nem pensar em vendê-las, pois significavam tanto para ele.*

Quando perguntei ao pai de Linda se ele queria que elas as vendessem, ele fez um gesto de positivo com o dedo e sorriu. Então disse:

— Eu não preciso delas! Podem ajudar nas despesas da família.

— Papai era sempre tão preocupado com as questões de dinheiro! — Linda comentou, rindo.

É fácil transmitir mensagens para Linda, pois ela entende que elas vêm muitas vezes em forma de símbolos ou imagens que precisam de interpretação. Ela mesma é capaz de interpretar esse tipo de informação. Como sua mente racional não a obriga a descartar sensações que não sejam concretas ou óbvias, ela é uma receptora natural para esse tipo de informação abstrata e não-linear.

Além de demostrar a confiança de Linda com relação à capacidade que tem de receber e decifrar mensagens de entes queridos, sua história também mostra como ela fez para encontrar os pais da forma como se apresentaram. Em vez de exigir provas das visitas que faziam e especificar a maneira como deveriam ocorrer, ela ficou aberta e receptiva a tudo que lhe acontecia. Dessa forma ela percorreu, por assim dizer, metade do caminho que a separava deles, pois não tinha noções preconcebidas de como as mensagens seriam transmitidas.

Alguns anos atrás, decidi ir para Stuttgart, na Alemanha, fazer um programa de treinamento anual como reservista do Exército americano. Eu não queria me afastar de minha mãe, que estava encontrando dificuldades para se adaptar à vida sem meu pai. Ele morrera um ano antes, depois de ficarem 47 anos casados.

Mamãe e eu concordamos que nunca mais surgiria a ocasião perfeita para eu partir e que eu tinha mesmo de ir. Tomamos as providências necessárias para que ela ficasse na casa do irmão enquanto eu estivesse fora, de forma que eu pudesse partir sem tanta preocupação.

Enquanto estava na Alemanha, passei uma semana ou mais sentindo que não queria estar lá. Então recebi a notícia de que minha mãe sofrera um ataque do coração. Quando perguntei se devia ir para casa, disseram-me que não era necessário. Mas, na semana seguinte, minha família ligou para dizer que as coisas não iam bem. Os médicos estavam preocupados com o estado de minha mãe.

Lembro-me de ter pensado que as coisas estavam tomando o rumo certo para mamãe. Quando papai morreu, ela disse que, se por acaso ficasse gravemente doente, ela não queria que tomássemos medidas extremas. Eu entendi, pois sentia o mesmo. Respondi que, mesmo que não pudesse estar ao lado dela quando sua hora chegasse, eu sabia que ela viria até onde eu estava e, de algum jeito, me avisaria. Ela riu e comentou:

— Acho que você está certa.

Eu sabia que isso aconteceria porque foi exatamente o que meu pai fez antes de morrer. Eu o senti, como se ele tivesse me puxado pelo ombro, instruindo-me a pôr uma roupa apropriada para seu enterro. Eu sabia que era papai, pois ele costumava chamar minha atenção do mesmo jeito. Mesmo assim, vim rezando no avião, achando que, se rezasse com fervor, talvez eu conseguisse ver mamãe mais uma vez.

Enquanto eu rezava, mantive os olhos fechados e a cabeça encostada na janela do avião. Eu chorava, mas sentia muita paz. De repente vi duas figuras geométricas vindo na minha direção. Eu sabia que uma era feminina e a outra masculina. Não havia dúvida de que a mulher era minha mãe. Ela vinha me dizer que sua hora chegara.

Num breve momento, senti como se tivesse três anos de idade. Mamãe se curvou na minha direção e me beijou na testa, como costumava fazer ao me desejar boa-noite. Depois disse que me amava. O homem então pegou mamãe pela mão e eles se afastaram, seguindo rumo a uma luz amarelo-limão esbranquiçada. O homem era papai. Ficou muito claro para mim que as formas geométricas eram a essência de seus pensamentos. Papai queria me dizer que era ele quem trouxera mamãe e que estava tudo bem.

De repente, eu senti um amor indescritível, enquanto eles se aproximavam da Luz. Foi então que entendi a mensagem de papai de que tudo estava bem. Eu não quis saber o que ele me mostrava, mas podia aceitar a idéia de que ele estava ajudando mamãe em sua transição. Eles agora estavam juntos. Eu liguei para o hospital, do avião, só para me certificar de que mandariam rezar uma missa para mamãe, uma vez que nossa família é católica.

Falei com uma enfermeira que me disse que minha mãe estava muito mal. Eu não sabia como dizer a ela que eu já sabia. Pedi que dissesse a mamãe que eu já estava voltando para casa e que a amava. Minha mãe morreu um pouco depois que meu avião aterrissou. Não tive tempo de vê-la viva.

A morte de meus pais ensinou-me que a morte é muito mais dolorosa para os que ficam. Ela deixa um vazio dentro de nós que ansiamos por preencher. Queremos explicar as coisas que estão além deste mundo com fatos comprováveis. Eu sinto que, se eu tivesse me concentrado nos fatos, não teria conseguido sentir o conforto que meus pais me deram com tanto amor. Meu pai não poderia ter sido mais claro ao escolher figuras geométricas para se comunicar. Eu conhecia seu jeito de pensar. Nós sempre conversávamos sobre isso.

Desde essa época, tenho ouvido o dr. Raymond Moody falar sobre experiências de morte empática. Suas evidências confirmam que as pessoas estão, a cada dia, fazendo mais relatos como o meu, especialmente quando existe um laço profundo — um laço de amor — entre duas pessoas.

Linda

COMO TORNAR-SE UM RECEPTOR:
CONFIE NA SUA CAPACIDADE PARA
CONTATAR SEUS ENTES QUERIDOS

Em muitas consultas, os entes queridos vindos do Outro Lado mostram-me épocas e lugares específicos em que eles entraram em contato com meus clientes. Eles fazem isso para ajudá-los a confiar nas sensações que têm nesses momentos e que poderiam gerar dúvidas. Um importante aspecto do meu trabalho é simplesmente confirmar para as pessoas que essas mensagens e o sentimento de ligação que elas têm são verdadeiros.

Nosso coração entra em contato com nossos entes queridos em momentos de tranqüilidade, enquanto olhamos uma foto num porta-retrato ou na parede. Essa ligação acontece quando sentimos o aroma da flor ou do perfume preferido de alguém que amávamos. Acontece quando vemos uma cena que nos traz à lembrança essa pessoa. Acontece quando algo engraçado nos faz lembrar do senso de humor que ela tinha. O humor geralmente abre o nosso coração.

O sentimento de gratidão liga você na mesma hora com seu ente querido. As almas que partiram dizem muitas vezes aos meus clientes, na consulta: "Se você quer que eu o visite num sonho, faça com que seus últimos pensamentos, antes de dormir, sejam de gratidão. Isso gera a freqüência que abre o seu coração e facilita o nosso contato." Pensamentos de medo ou de ansiedade constrangem e fecham o coração, pois interrompem a ligação de amor.

Quando você tiver um sonho — muito claro e lúcido — com alguém que não está mais no plano físico, tenha a certeza de que vocês se encontraram. Enquanto dorme, você sai freqüentemente do corpo. Quando você sente um solavanco ou sente seu corpo sacudir, trata-se apenas do seu corpo etérico ou do seu "corpo de luz" voltando para o corpo rápido demais ou de modo desequilibrado.

Nossos entes queridos nos visitam em lugares tranqüilos como cemitérios, lugares sagrados ou especiais em que estivemos juntos, pois nesses momentos nossos pensamentos estão voltados para eles. Nós estabelecemos contato com eles em lugares como esses porque ali nos lembramos de que estamos ligados a eles. Você sente essa ligação no fundo do coração e, quando menos espera, já se ligou.

Quando começa a confiar nesses sentimentos, você passa a ver cada vez melhor como seus entes queridos se comunicam com você por meio de imagens, pensamentos e sinais pessoais. Deixe que isso aconteça naturalmente, sem criar expectativas. Se tentar forçar para que aconteça, você acabará com mania de tentar adivinhar o futuro. Essas mensagens e visitas, além de agradáveis, elevam nosso ânimo; elas se insinuam na nossa consciência suavemente — como uma nuvem branca e fofa — e depois se desvanecem.

────────────── **EXPERIMENTE ISTO** ──────────────

Vá até o seu lugar especial. Acalme-se. Imagine-se cercado de Luz e faça uma invocação ou uma prece. Então abra o seu coração para um ente querido que já deixou a dimensão física. Cultive pensamentos afetuosos acerca dessa pessoa ou então deixe vir à memória lembranças boas que você tem dela. Tente visualizar essa pessoa ou apenas finja que você a está vendo. Quando sentir uma mudança, uma abertura, uma sensação diferente, é sinal de que você se ligou a ela. Seu ente querido não está vindo de algum "lugar". Quando abre o coração, você estabelece a freqüência que faz a ligação instantaneamente, através de uma consciência atemporal e infinita. Com o tempo, esse sentimento passará a ficar cada vez mais claro e inconfundível.

EPÍLOGO

$\mathcal{E}$u estava prestes a concluir este livro quando meu estimado amigo Harry morreu durante o sono, devido a um ataque cardíaco. Na ocasião, eu estava em viagem, fazendo palestras e consultas pela Virginia, passando por Richmond, Manassas e Alexandria. Quando recebi a notícia, fiquei chocada e foi difícil para mim "seguir em frente", cumprindo todos os meus compromissos de viagem, enquanto sentia a dor de perder um amigo querido.

Eu já tinha perdido pessoas da família e sabia o quanto isso era doloroso. Mas nunca perdera um amigo, um filho ou um parceiro. Com os amigos, eu compartilhava um ritmo de vida, me divertia e dava e recebia apoio nos tempos difíceis. Os amigos me estimulam e me complementam com seus pontos de vista diferentes e atiçam meu interesse por tudo que eles mesmos gostam. Meus amigos do sexo masculino me dão apoio quando meu eu intuitivo, criativo e clarividente se sobrecarrega e precisa pôr os pés no chão. Minhas amigas sabem como eu me sinto.

Minha vida parecia ter ganho profundidade, agora que eu perdera um amigo especial. Minha compaixão pelos clientes, e entre eles alguns que lutavam para seguir em frente depois de perder um ente querido, pareceu aumentar. Estou aprendendo a reconhecer e a sentir o vazio, a dor que inevitavelmente aumentará minha capacidade de sentir alegria. Nós estamos aqui para sentir toda a gama de emoções nesta dimensão física.

Não estou acostumada a sentir essa dor enquanto estou na posição de quem recebe — em vez de transmitir — os sinais maravilhosos e sincrônicos que são enviados para nos assegurar de que somos seres assistidos e de que os laços de coração nunca se rompem. Uma das minhas alunas expressou isso com grande beleza: "A mudança e a percepção daquilo que se perde e daquilo que se ganha nos faz sentir, às vezes, tristes e, às vezes, meio atordoados."

Conheci Harry no primeiro Ano Novo que passei em Manhattan, depois de me mudar para lá. Senti vontade de sair e dar uma volta e então decidi pegar o metrô e passar na cinemateca do Lincoln Center. Então resolvi cruzar a Broadway em busca de um bom prato de sopa. Foi então que conheci Harry — no O'Neal's —, um homem atraente, com lindos cabelos grisalhos e um sorriso estonteante. Mas foi seu riso franco que me fez virar em sua direção e perguntar como eu faria para voltar dali para casa, de metrô. Mais tarde, saímos do restaurante e observamos juntos o estouro dos fogos de artifício. Esse foi o começo de uma amizade maravilhosa e muito especial.

Harry sabia como agradar às pessoas; costumava dar abraços apertados no pessoal dos bastidores, nos escritores, bailarinos, músicos, moradores da vizinhança e funcionários, desde a ABC até a NBC. Ele tinha a cabeça fria. Alguns amigos dele o chamavam de "O Homem". Todo mundo adorava suas histórias acerca do mundo dos espetáculos, quando ele contava que iluminara os palcos de Jimmy Durante (seu favorito), Frank Sinatra e Tony Bennett. Ele foi responsável pelo gelo seco do palco onde Charlton Heston fez sua primeira aparição ao vivo na TV, na pele de um personagem sentado numa imitação de cadeira elétrica que chiava. Harry ganhou uma cigarrilha de Basil Rathbone e viajou com Angela Lansbury. Ele sempre jantava numa travessa da Broadway — geralmente ao lado de Larry Hagman —, onde Bruce Willis costuma servir os clientes.

Uma noite, Harry e eu tentamos nos comunicar telepaticamente no O'Neal's. Eu lhe "transmiti" a canção "Ebony and Ivory". Ele sorriu, então começou a tamborilar na mesa, como se tocasse um piano. Ele era extremamente intuitivo. Fascinado com os princípios da metafísica — que aceita a idéia de que nossa vida está de fato relacionada com um plano maior —, ele passou com entusiasmo para os amigos a fita em que eu faço uma introdução do meu trabalho.

— Gostei da palavra com que você começa a fita: "iluminação" — disse-me ele, ao ouvir a fita pela primeira vez. Como se eu tivesse pensado nisso!

Harry ficou intrigado com o exercício em que eu sugiro que a pessoa coloque todas as suas preocupações e problemas na cesta de um balão bem grande e bonito e o veja subindo aos céus, deixando sua consciência livre para chegar a um nível mais elevado de resolução. A princípio, Harry confessou que, assim que tentou fazer o exercício à noite, antes de dormir, ficou um pouco apreensivo na hora de cortar a corda do balão e deixar suas preocupações voarem para longe. Ele preferiu deixar o balão amarrado. Até que finalmente um dia ele me contou, encantado, os acontecimentos incríveis e inesperados com que se deparou quando decidiu se desapegar dessas preocupações. Sempre que chegava a hora de nos despedirmos, depois de termos jantado juntos no intervalo dos espetáculos de Harry, eu dizia a ele:

— Harry! Vá lá e ilumine tudo!

Harry às vezes me contava sobre a época em que sua vida era mais tumultuada, alguns anos antes de nos encontrarmos. Ele pareceu aliviado quando eu disse que não achava que ele iria para um lugar ruim quando chegasse sua hora. E ficou feliz ao ouvir que, um dia, se encontraria com alguns dos amigos que foram antes dele — e isso aconteceu mais cedo do que imaginávamos.

Nossos estilos de vida e nosso passado eram muito diferentes; viemos — e vivíamos — em mundos quase opostos. No entanto, nossos caminhos se cruzaram, nossos corações se ligaram e, assim, criamos um vínculo que agora nos ligará para sempre, além do tempo e do espaço.

Harry e eu temos nos comunicado desde então. Ele me visita em sonhos e manda mensagens telepáticas para que eu transmita à sua família e amigos. Seus familiares também estão recebendo confirmação dos últimos contatos de Harry, por meio de algumas sincronicidades interessantes. É como se ele ainda pusesse em prática sua mágica dos bastidores.

Isso é o que está ao alcance de todos nós quando nos abrimos para uma visão nova da natureza da nossa existência atemporal, quando observamos o "eu" da perspectiva da alma, quando assumimos a responsabilidade pelas escolhas que fazemos — fazendo escolhas mais sábias depois de aprender com as menos felizes —; quando confiamos nos dons intuitivos que são parte da natureza multissensorial que nos é inerente e, finalmente, quando nos rendemos à Fonte.